KB265801

깨달음의 벗 천하일발

깨달음의 벗 천하일발

지명 智明 스님

이른아침

스님들이 수행을 위하여 걸망에 넣어 가지고 다니거나, 정진할 때 갖추어야 하는 최소한의 소유가 허락된 물건을 '승물 18물'이라고 한다. 발우와 가사를 비롯한 승물들은 수행자들의 삶에 있어서 극도로 절제된 삶을 영위해 나가기 위한 최소한의 필요 도구인 것이다.

승물에 대한 내용과 의미는 시대와 지역에 따라 약간씩 다르며 스님들마다 차이가 나기도 하지만, 소욕지족(少欲知足) 하는 검박한 살림살이의 기본 정신에는 차이가 없다.

발우와 가사는 탁발에 의지하고 무소유로 구도 정진하는 수행자의 표상이기도 하다. 발우 하나와 옷 세 벌로 수행의 의지처를 삼는 이러한 일발삼의(一鉢三衣)의 정신은 승물로서의 역할뿐만 아니라, 석가모니 부처님 이래 불법이 전래되어 오는 과정에서 전법제자에게 법을 전하는 역할을 하기도 했다. 중국 선종 초기에는 스승과 제자 사이에 법을 이어가는 사자상승(師資相承) 과정에서 가사와 발우를 통해 법을 전하는 증표로 삼기도 했으며, 현재 태국을 비롯한 남방의 불교 국가에서는 가사를 입은 승려들이 매일같이 탁발에 의지해 수행하고 있다.

이렇게 유래한 발우와 승물들에 담긴 의미는 불교의 모든 사상과 정신을 대변한다고도 할 수 있다. 예컨대, 일개의 나무 지팡이가 수행자들의 손에 들리게 되면 나무 지팡이는 더 이상 일개 지팡이의 역할에 그치지 않는다. 지팡이는 나무에서 한 단계 더 나아가, 개미와 같은 미물들에게 의도하지 않은 삶과 죽음의 귀로에서 벗어나게 하는 자비의 도구가 되기 때문이다. 또한 삭발의 도구인 삭도기는 한낱 쇠붙이가 아니라 세속(世俗)과 출가(出家)를 구분 짓게 하는 중요한 도구로서 승(僧)과 속(俗)의 경계를 가르는 역할을 하게 된다.

이렇듯 수행자의 일상 소품으로 사용되는 18물(열여덟 가지의 물품)들은 그 하나하나의 용처마다 특별한 의미가 부여되어, 출가의 세계에서는 수행자들의 깨달음을 향한 구도의 지혜를 담게 되고, 세속에서는 중생구제의 원력으로 세상에 자비를 드러나게 하는 도반이 되어 중생들의 삶과 함께 어우러지게 하는 것이다.

수행(修行)의 궁극적 목표는 깨달음에 있으며, 그것은 곧 번뇌로부터의 해방[上求菩提]과 중생구제[下化衆生]를 의미한다. 한 방울의 물에도 천지의 은혜가 담겨 있고, 한 톨의 밥알에도 만물의 노고가 스며 있다는 말은, 각박한 사회에서 이기심으로 인해 고립을 자초하게 된 우리들에게 인간은 결코 홀로 떨어져 존재하는 것이 아님을 홀연히 깨닫게 한다.

이 책에 실린 발우를 비롯한 갖가지 승물들에는 일상의 삶에서 가지지 못했던 여러 가지를 느끼게 해줄 향(香)이 스며 있다. 그것은 수행자의 벗으로서 깨달음에 이르게 하는 운수행각의 구도적 여정이 고스란히 배어 있기 때문일 것이다.

세속적인 욕구를 떨쳐버리고, 깨달음과 가까워지기 위한 진정한 수행자로서의 삶을 뜻하는 한자 '승(僧)' 자는 '마음이 편안한 모양'이란 의미를 지니고 있다. 오랜 수행을 몸소 실천하여 청정한 정진력이 깃들게 된 세계 각국 수행자들의 발우와 승물들을 조명해 봄으로써, 이를 보는 이들로 하여금 '마음이 편안한 세계'를 짧은 순간이나마 만끽할 수 있게 하려는 의도로 이 책을 기획하게 되었다.

수행자들의 삶은 보시와 탁발, 그리고 공양으로 점철되어 있다고 해도 과언이 아니다. 세계 각국의 수행자들이 기꺼이 기증해 준 발우와 승물들의 의미와 참뜻을 되새겨 보게 해줄 다채로운 이야기들이 이른아침 출판사의 김환기 사장님의 도움으로 마침내 이 한 권의 책으로 결실을 맺게 되었다.

바쁜 일상에 지친 현대의 도시인들에게 '마음이 편안한 모양'과 같은 수행자들의 삶이 어머님의 품과 같이 밝고 따스한 포근함으로 다가서게 되기를 희망해 본다.

백봉 지명 합장

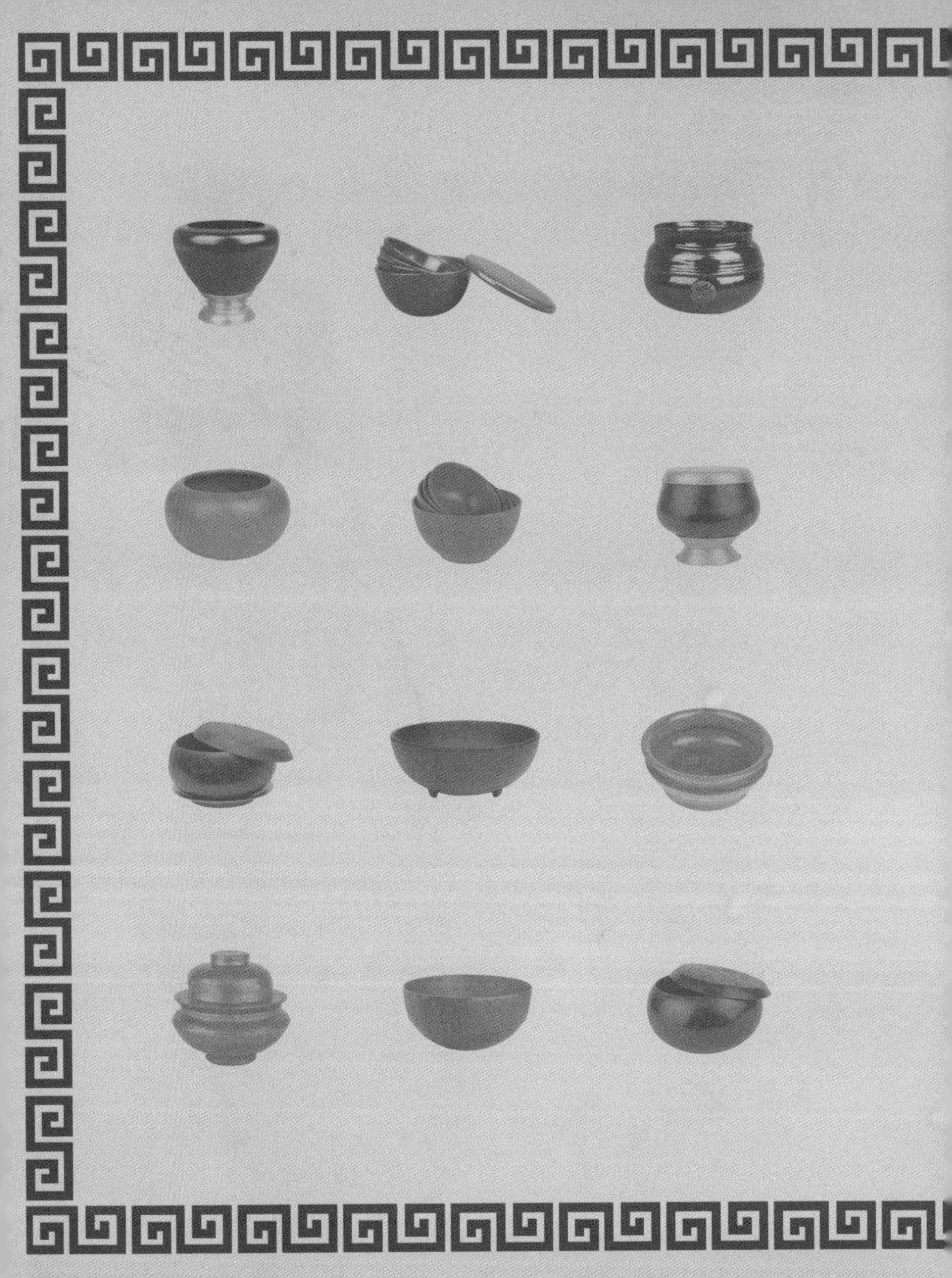

공양 이야기

정직하고 순수한 공양은 마음의 평안을 얻게 하며,
기쁜 마음으로 하는 공양은 공양하는 자와 공양받는 자 모두를 행복하게 한다.

『아함경』

공양이란

공양(供養)이란 말은 범어(梵語) '푸야나(Pujana)'를 의역(意譯)한 것으로 '공급하여 자양(資養)한다'는 의미를 지니고 있다. 이는 본래 인도에서 종교적 성자(聖者)나 스승에게 가르침을 받고, 그에 대한 감사와 존경의 뜻으로 음식이나 옷을 올린 데서 유래했다고 한다.

오늘날 사람들이 사용하는 '공양'이라는 말은 더욱 풍부한 의미를 지니게 되었는데, 국어사전에서는 대체로 다음과 같은 세 가지 의미를 지닌 것으로 풀이하고 있다.

첫째, 웃어른을 모시고 공경의 마음을 담아 특히 음식으로 대접하는 것을 '공양'이라고 하는데, 불교와 상관없이 민간에서 더러 사용된다.

둘째, 불교에서 사용되는 용어로, 불(佛)·법(法)·승(僧)의 삼보(三寶)나 죽은 이의 영혼에게 음식, 꽃 따위를 바치는 일이나 또는 그 음식을 말한다. 하지만 국어사전의 이런 풀이는 공양의 의미를 매우 간단하게 설명한 것으로, 불교에서 말하는 공양은 음식이나 꽃 등의 물질적인 것을 삼보에게 바치는 경우에만 한정되지 않는다. 공경하는 마음으로 삼보에게 바치는 육체적 정신적 행위와 생각 일체가 모두 공양이 되며, 따라서 공양의 대상이나 공양물의 종류, 공양의 방법 등에 따라 불교의 공양은 여러 가지로 나뉘게 된다.

셋째, 이 또한 불교에서 사용하는 용어로, 식사나 식사를 하는 일을 일컫는다. 불교에서 말하는 공양은 단순히 배고픔을 해결하거나 몸을 살찌우기 위해서 먹는 것이 아니라, 깨달음을 이루기 위해서는 이 육신이 필요하므로 몸을 지탱하기 위한 약으로 생각하고 먹는다는 수행의 의지를 담고 있다. 굳이 불자가 아니더라도 '식사'라는 말 대신 '공양'이라는 용어를 사용하는 경우가 있는데, 이 말에 담긴 참 의미를 깨닫고 사용하는 것이라면 더더욱 바람직한 일이 아닐 수 없을 것이다.

이상에서 살펴본 것처럼 공양이라는 말에는 여러 가지 의미가 내포되어 있고, 삼보에 바치는 청정한 의미로서의 공양만 하더라도 그 공양물의 종류, 공양의 대상, 공양의 방법 등에 따라 여러 가지로 분류된다.

먼저 공양의 방법에 따른 분류 가운데 삼업공양(三業供養)이 있으니, 몸으로 하는 예배(禮拜)와 입으로 하는 찬탄(讚嘆), 뜻으로 부처님을 생각하고 존중하는 공양 등이 그것이다.

또 공양물의 종류에 따른 분류 가운데에는 사사공양(四事供養)이 있으니, 음식(飮食), 의복(衣服), 탕약(湯藥), 방사(房舍) 등을 공양하는 것을 말한다.

그리고 공양을 보다 포괄적으로 분류할 경우에는 흔히 다음과 같이 세

가지로 분류하기도 한다.

첫째, 이 세상에 있는 모든 재물(財物), 향화(香花), 의복(衣服) 등의 물자를 제공하는 재공양(財供養)이다.

둘째, 부처님을 찬탄하고 공경 예배하며, 가르치신 교법(敎法)에 따라 보리심(菩提心)을 일으켜 나뿐만 아니라 남도 이익을 얻게 하는 보살의 행을 닦는 법공양(法供養)이다.

셋째, 부처님의 교법을 잘 믿고 간직하여 수행하며, 이 세상의 근본을 관조하여 행하는 행공양(行供養)이다. 이 세 가지를 일러 삼종공양(三種供養)이라 한다.

이렇듯 공양은 삼보에 대한 믿음과 부처님의 가르침대로 올바르게 살아가려는 자신의 의지에 대한 믿음, 그리고 깨달음과 열반에 이르게 하는 방편적 의미도 아울러 담고 있다. 『화엄경(華嚴經)』에서는 '법공양이란 부처님의 가르침대로 수행하는 것이며, 중생을 이롭게 하고 구제하려는 보살의 뜻을 저버리지 않는 것이며, 보리심을 잃지 않는 것'이라 하여 공양 가운데 법공양을 으뜸으로 삼고 있다.

육법 공양

공양(供養) 가운데 특히 불보살(佛菩薩)에게 올리는 것을 불공(佛供)이라
하는데, 이는 부처님의 가르침과 공덕을 찬탄하며 신심(信心)과 예경(禮敬)
을 표하는 행위이므로 간절하고 정성스런 마음으로 올려야 한다.

그렇다면 부처님 전에는 어떤 공양물을 올릴까? 시대적인 흐름에 맞춰
변천이 있었고, 지역과 환경의 여건에 따라 모양과 내용이 달라질 수도 있
으나 대체로 '등(燈), 향(香), 차(茶), 꽃[花], 과일[果實], 쌀[米]'의 여섯 가
지가 가장 일반적이다. 이 여섯 가지 공양물들은 상징하는 바가 한결같이
정법(正法)을 실현하겠다는 의지를 나타내고 있으므로 이를 육법 공양(六
法供養)이라 한다. 그렇다면 이들 육법 공양에 속하는 여섯 가지 공양물들
에는 각각 어떤 의미가 담겨 있는지 살펴보기로 하자.

첫째, 등(燈)은 모든 사물의 도리를 분명히 꿰뚫어보는 깊은 지혜(智慧)를 상징한다. 그런 의미에서 반야등(般若燈)이라고 한다. 반야(般若)란 만물의 참다운 실상을 깨닫고 불법을 꿰뚫는 지혜를 의미하는 말이다. 빛은 진리의 등불이니, 무명의 어둠을 떨치고 크나큰 깨달음을 얻기를 발원하며 등 공양을 올린다. 등 공양을 올릴 때에는 다음과 같은 게송을 송한다.

밝은 등불 촘촘히 밝히어
대천세계 골고루 비추오니
밝은 지혜 맑음의 등불을
지금 곧 저절로 얻게 하소서

둘째, 향(香)은 번뇌의 속박으로부터 벗어나 자유자재(自由自在)한 경계에 이르는 해탈(解脫)을 상징한다. 그런 의미에서 해탈향(解脫香)이라고 한다. 다겁생에 걸쳐 윤회하며 업식의 번뇌에 덮여 있던 나의 참모습을 찾아 해탈에 이르기를 발원하며 향 공양을 올린다. 다음은 향 공양을 올릴 때의 게송이다.

마음을 바로 하고 원을 세워

관세음보살님께 올리는 한 줄기 향

우주법계 고루고루 번지어라

일심으로 참회하는 이 공덕

시방세계 불보살님 살피시어

생사의 윤회에서 지은 죄

남김없이 스러지게 하옵소서

셋째, 차(茶)는 생사를 초월한 경지, 곧 열반(涅槃)을 상징하는 공양물로 감로차(甘露茶)라고 한다. 감로(甘露)란 하늘에서 내리는 단맛의 이슬이니, 부처님의 법문(法文)이 곧 감로의 법문이며, 이 법문을 듣고 여러 생 동안 윤회에 시달린 갈증에서 벗어나 불생불멸의 열반에 이르기를 기원하며 차를 올린다. 초기 불교 이래로 가장 오래된 공양물 가운데 하나이며, 차를 구하기 어려운 경우에는 맑고 깨끗한 물을 감로 삼아 공양하기도 한다. 다음은 차를 올릴 때의 게송이다.

감로차를 달여 공양하오니

사바에 찌든 죄업중생의

미혹한 마음과 병든 육신을

말끔히 씻어내어 수정 알처럼

맑고 밝은 마음 되게 하리다

넷째, 꽃[花]은 성불(成佛)을 목적으로 한 자리이타(自利利他)가 원만한 육바라밀(六波羅蜜)과 팔정도(八正道)의 실천을 통한 보살의 수행을 상징한다. 자리(自利)란 자기 자신을 이롭게 한다는 뜻으로 자기의 해탈을 위해 노력하고 수행하는 것을 말하며, 이타(利他)란 다른 사람들의 이익을 꾀한다는 뜻으로 사람들의 구제(救濟)를 위해 힘쓰는 것을 말한다. 그런 의미에

서 만행화(萬行花)라고 하며, 불과(佛果)를 이룰 수 있는 거룩한 인연의 법
을 깨달을 수 있기를 발원하며 꽃을 올린다. 꽃을 공양할 때의 게송은 다
음과 같다.

> 부처님 따르는 지극한 마음
> 시방에 번지는 꽃향기처럼
> 대천세계 두루두루 퍼져서
> 이 땅에 자비의 꽃으로 새롭게
> 날마다 피어나소서

다섯째, 과일〔果實〕은 깨달음을 의미한다. 과일은 불교 최고의 이상인

깨달음을 상징하는 공양물로 보리과(菩提果)라 하며, 항상 싱싱한 법의 참
맛을 얻어 깨닫기를 발원하며 과일을 올리는 것이다. 다음은 과일을 공양
할 때의 게송이다.

생마다 닦고 닦은 공덕의 열매
이생에서 다시 닦는 공덕으로
억겁의 모든 죄 소멸되도록
불보살의 자비로 보살펴소서

여섯째, 쌀[米]은 깨달음의 기쁨과 환희를 의미한다. 쌀은 진리의 가르
침을 듣고 선정(禪定)을 통해 얻게 되는 기쁜 마음을 상징하는 공양물로 선

열미(禪悅米)라 한다. 선열(禪悅)은 법락(法樂)이니 시장함이 영원히 떠나 법희(法喜) 선열로 배부르기를 발원하며 올리는 것이다. 쌀을 공양할 때의 게송은 다음과 같다.

석가세존 복 밭을 가꾸셨듯이

씨앗 뿌려 가꾸고 거둔 쌀로

지극 정성 담아서 마지 올리고

그 공덕 법계에 회향하나이다

위와 같은 육법 공양의 의미를 되새기며 마음을 다해 바치는 정성스러운 공양은 삼륜(三輪)이 청정할 때, 다시 말해 받는 사람, 공양물, 시주하는 사람이 모두 청정할 때 더욱 큰 공덕이 뒤따른다. 또한 공양하는 본래 마음은 나 혼자만을 위한 것이 아니라, 부처님께 공양 올리는 모든 공덕을 일체 중생에 회향하여, 중생의 고통을 덜어주고 참된 진리를 심어주기를 간절히 바라는 자비스런 마음에서 출발해야 한다.

이렇듯 서원(誓願)을 세우고 수행 정진하는 실천과정의 하나로 공양의 의미를 되새긴다면, 공양은 곧 탐욕에 가려져 있는 본래의 자기를 회복하는 수행이며, 이웃을 향한 끝없는 자비와 보살행 실천의 출발점이 될 수 있을 것이다.

아름답고 소중한 인연
_맑고 향기로운 공양 이야기

부처님께 바쳐진 세 번의 공양

수행자 고타마 싯다르타의 고행이 육 년째 접어들었을 때의 이야기다. 그 당시의 상황에 대해 불경은 부처님 스스로의 말씀을 통해 이렇게 전하고 있다.

'나는 음식을 거의 섭취하지 않았기 때문에, 모든 수족은 마치 울퉁불퉁한 뼈마디들로 이루어진 쇠약한 곤충처럼 되었고, 내 엉덩이는 마치 물소 발굽과 같고, 내 등뼈는 공을 줄로 꿴 듯이 불거졌고, 내 늑골은 무너진 헛간의 서까래 같고, 내 두 눈의 동공은 마치 깊은 우물의 바닥에서 물이 반짝이는 양 눈구멍 속에 깊이 가라앉은 듯했고, 내 머리 가죽은 마치 덜 익은 채 잘려 쓰디쓴 조롱박이 태양과 바람에 의해 쭈그러지고 오그라든 것처럼 되어버렸고……. 내 뱃가죽은 등뼈까지 붙게 되었으며, 내 사지를 손으로 어루만지면 뿌리까지 썩은 털들이 몸에서 떨어져 나왔다.'

이처럼 고타마 싯다르타의 고행이 극에 달하자 마왕 파순(波旬)은 이렇게 유혹했다고 한다.

'그대는 이제 곧 죽을 것이다. 베다(Veda)를 수행하는 자로서, 청정한 행동을 하고 성화(聖火)에 공물을 바쳐야 많은 공덕을 쌓을 수 있을 텐데, 그러한 고행이 생명을 보전하는 데 무슨 소용이 있겠는가?'

그러면서 탐욕, 배고픔, 목마름, 쾌락 등의 마구니로 등장하여 부처님의 수행을 방해했다. 하지만 고타마 싯다르타는 이에 굴하지 않고, '나로서는 세간의 선행을 구할 필요가 전혀 없다. 나에게는 신앙이 있고, 정진력이 있고, 또 지혜가 있다. 이처럼 전념하는 나에게 그대는 어찌하여 생명의 보전을 묻는가?'라고 말하며 더욱 정진의 결의를 굳건히 했다.

이렇게 극단적인 고행을 하던 고타마 싯다르타는 육신의 한계를 돌보지 않으면 진정한 깨달음을 얻을 수 없다는 것을 알게 되었다. 이에 '고행으로 인해 극도로 몸이 여윈 지금, 육신을 보전하지 않고서는 안락을 얻기 어렵다. 이제 나는 실질적인 음식을 섭취해야겠다'라고 생각했다.

이 무렵, 우루벳라의 세나니라는 마을에 사는 처녀 수자타(Sujata)가 암소의 젖을 짜 끓인 우유죽을 황금 발우에 담아 공양을 바치자, 수행자 고타마 싯다르타는 이 공양을 받아 마신 후에 체력을 회복하고 더욱 치열하게 정진을 계속했고 마침내 깨달음을 성취하게 되었다. 이렇게 하여 수자타 여인이 바친 이 공양은, 부처를 이루고자 하는 수행자 고타마 싯다르타에게 바쳐진 최초의 공양이 되었다.

다음으로 깨달음을 성취한 부처님께 최초의 공양을 올린 사람은 상인

‘타풋사(Tapussa)’와 ‘발리카(Bhallika)’라는 인물이다. 경전 『마하박가(Mahavagga, 大品)』에 따르면 깨달음을 이룬 후 무찰린다 나무 밑에서 선정에 들었던 부처님은 라자야타나 나무 밑으로 자리를 옮겼고, 그곳에서 타풋사와 발리카라는 두 상인을 만난다. 전생에 두 상인의 친척이었던 천신(天神)이 그들 앞에 나타나 다음과 같은 말로 부처님께 공양을 올리도록 권했다.

“깨달음을 이루신 부처님께서 라자야타나 나무 아래에 계신다. 그분께 공양을 올려라. 그리하면 그대들은 긴 밤 동안 즐거움과 안락함을 얻을 것이다.”

이 말을 들은 두 상인은 보리죽과 꿀을 가지고 부처님께 다가가 공손히 절한 뒤 말했다.

“부처님이시여! 저희들의 보리죽과 꿀을 받으십시오. 그러면 저희들은 긴 밤 동안 즐거움과 안락함을 누릴 것입니다.”

이 말을 듣고 부처님은 다음과 같은 생각을 하게 되었다.

‘과거의 모든 여래는 손으로 음식을 받았을까, 그릇으로 음식을 받았을까? 나는 어떤 것을 사용하여 보리죽과 꿀을 받아야 할까?’

그러자 사천왕이 부처님의 생각을 알아차리고는 각각 사방에서 황금 발우를 가져왔으나, 부처님께서는 황금 발우는 받을 수 없을 뿐 아니라, 은 발우, 유리 발우 등 모든 보배 발우는 출가인에게 사치라고 해서 받지 않으셨다. 그러던 중 마지막에 석발우(돌발우)를 바치니 흔쾌히 받으시고 네 개의 발우를 모두 받아 손바닥 위에 포개놓고 눌러 하나가 되게 하되, 공양할 때에는 발우를 제각기 드러내도록 만들었다. 이렇게 하여 공양을 받을 법기(法器)가 갖추어진 부처님께서는 두 상인의 공양을 받아 드셨고, 타풋사와 발리카 두 상인이 올린 공양은 수행자 고타마 싯다르타가 성도하여 부처님이 되어서 받게 된 첫 번째 공양이 되었다.

세 번째는 부처님께 마지막 공양을 올린 대장장이 춘다[純陀, 순타]의 이야기다.

어느 날 부처님과 대중들이 파바성의 사두원에 이르러 그곳에 머물게 되었다. 금속 세공 일을 하던 대장장이 춘다도 부처님께서 오셨다는 소식을 듣고 곧바로 옷을 차려입고 나아가 인사를 드렸다. 부처님께서는 춘다를 위하여 가르침을 베푸셨다. 설법을 들은 춘다는 신심이 견고해지고 기쁜 마음이 되어 부처님께 공양 올리기를 청했다. 부처님께서는 침묵으로 허락하셨다.

춘다는 부처님께서 허락하신 것을 알고는 곧 집으로 돌아가서 그날 밤에 공양을 준비했다. 이튿날 공양 시간이 되자 춘다는 "세존이시여, 공양을 받으실 때가 되었습니다" 하고 전했다. 이에 부처님께서는 가사를 입으시고 발우를 들고 대중들에게 둘러싸여 그의 집으로 가 자리에 앉으셨다.

춘다는 곧 음식을 차려 부처님과 스님들께 공양했는데, 일반적인 음식 말고도 특별히 세상에서 아주 진귀한 버섯요리를 하여 오직 부처님 한 분께만 드렸다.

이윽고 대중들의 공양이 모두 끝나자 춘다는 부처님께 나아가 "세상에는 몇 부류의 사문(沙門, 출가하여 불도를 닦는 사람)이 있습니까?" 하고 여쭈었다.

부처님께서는 "네 가지 부류의 사문이 있다"고 하시며 다음과 같이 설명하셨다.

"첫 번째 사문은 도에 있어서 뛰어나고 최고의 진리를 잘 알며, 또 이를 잘 설명하여 세상 사람의 의심을 풀어주는 사문이다. 두 번째 사문은 법의 글귀를 훌륭히 설명하며, 도를 의지해 살아가는 사문이다. 세 번째 사문은 수행을 위해서가 아니라 단지 생활을 위해 걸식을 하며, 네 번째 사문은 수행도 하지 않으며 오히려 법을 더럽히는 사람이다."

춘다는 이와 같은 설법을 듣고 기쁨과 즐거움이 넘치게 되었다.

『열반경(涅槃經)』에 따르면 춘다가 바친 이날의 공양은 부처님이 드신 이 세상에서의 마지막 공양이 되었다. 이렇게 자신의 공양을 받고 부처님이 열반하시게 되자 춘다는 괴로워하지 않을 수 없었다. 이를 아신 부처님은 제자 아난을 불러 춘다에게 다음과 같이 말씀을 전하라고 이르셨다.

"내가 처음 도를 이루었을 때 공양을 베푼 자와 부처가 멸도할 때에 공양을 베푼 자, 이 둘의 공덕은 똑같아서 그들은 수명을 복으로 얻고, 좋은 몸을 얻으며, 힘을 얻고, 좋은 명예를 얻으며, 살아서는 많은 재보를 얻고, 죽으면 하늘에 태어나게 되고, 하고자 하는 것 모두가 저절로 이루어질 것이다."

가난한 여인 난타의 등 공양

코살라국의 수도 사위성에 난타(難陀)라는 이름의 한 가난한 여인이 살고 있었다. 이 여인은 너무나 빈궁하여 이집 저집 다니면서 밥을 빌어 겨우 목숨을 이어갔다. 어느 날, 이 여인은 온 성(城) 안이 떠들썩한 것을 보고 지나가는 사람에게 무슨 일이냐고 물었다. 이에 그 사람이 이렇게 대답했다.

"바사익왕(波斯匿王)이 석 달 동안 부처님과 스님들께 옷과 음식, 그리고 침구와 약을 공양하는데, 오늘 밤에는 수천 개의 등불을 밝히는 연등회를 연다고 합니다. 그래서 온 성 안이 이렇게 북적거린답니다."

그러고 보니 법회에 참석한 많은 대중들도 공덕을 쌓으려고 다투어 등 공양을 올리고 있었다. 여인은 마음속으로 '아! 바사익왕은 많은 복을 짓는구나. 나도 등이라도 밝혀 부처님께 공양을 올리고 싶으나, 나는 아무것도 가진 게 없구나' 하면서 스스로 복을 쌓고 싶었으나 가진 것이 없어 공덕의 인연을 맺을 수 없음을 안타깝게 여겼다.

저녁 무렵, 난타는 지나가는 사람들에게 구걸하여 얻은 전 재산인 동전 두 닢을 가지고 기름집으로 갔다. 기름집 주인은 가난한 여인을 보고 기름을 구해 어디에 쓰려 하느냐고 물었다. 난타가 대답했다.

"이 세상에서 부처님을 만나 뵙기란 참으로 어려운 일입니다. 하물며 이제 부처님을 뵙게 되니 얼마나 다행한 일입니까? 그러나 나는 가난해서 아무것도 공양할 것이 없으니 등불이라도 하나 밝혀 부처님께 공양할까 합

니다."

여인의 말에 감동한 주인은 동전 두 닢의 가치보다 더 많은 양의 기름을 주었다. 난타는 어렵게 구한 기름등을 후미지고 구석진 길모퉁이에 밝히면서 마음속으로 간절히 기원했다.

'비록 보잘것없는 작은 등불이지만, 그 공덕이 조금이라도 있다면 저도 다음 세상에는 성불하여지이다.'

그런데 밤이 깊어가면서 세찬 바람이 불기 시작했다. 왕과 귀족들이 밝힌 등불은 물론 모든 등불이 다 꺼지고 말았다. 하지만 난타의 등불만은 세찬 바람에도 꺼지지 않고 밝게 빛났다.

이윽고 밤이 더욱 깊어졌다. 등불이 다 꺼지기 전에는 부처님이 주무시지 않는다는 것을 알고 있던 제자 아난은 손을 흔들어 난타의 등불을 끄려 했다. 하지만 어쩐 일인지 등불은 꺼지지를 않았다. 가사 자락으로 바람을 일으켜도 보고, 부채를 흔들어 끄려고도 해보았다. 하지만 등불은 꺼지지 않았다. 부처님이 그 모습을 보고 아난에게 말씀하셨다.

"아난아, 부질없이 애쓰지 마라. 그 등불은 마음 착한 여인의 넓고 큰 서원(誓願)과 정성으로 켜진 등불이다. 그러니 결코 꺼지지 않을 것이다. 그 등불의 공덕으로 그 여인은 다음 세상에 반드시 성불할 것이다."

이때 난타가 부처님 전에 예배하자 부처님께서는 "거룩한 난타여! 너는 다음 세상에 아승지겁(阿僧祇劫)을 지나 부처가 되리니, 이름을 동광여래라 할 것이다"라고 수기(授記)를 내리셨다.

이 말을 전해 들은 바사익왕이 부처님께 나아가 여쭈었다.

"부처님, 저는 석 달 동안이나 부처님과 스님들께 큰 보시도 하고 수천 개의 등불을 밝혔습니다. 저에게도 미래의 수기를 주십시오."

그러자 부처님께서는 바사익왕에게 다음과 같이 말씀하셨다.

"불도란 그 뜻이 매우 깊어 헤아리기 어렵고 알기도 어려우니 깨치기도 어렵다. 그것은 하나의 보시로써 얻을 수 있는 것이기도 하지만 많은 재물의 보시로도 얻을 수 없는 경우가 있다. 그러므로 불도를 얻기 위해서는 먼저 여러 가지로 보시하여 복을 짓고, 좋은 벗을 사귀어 많이 배우며, 스스로 겸손하여 남을 존경해야 한다. 그리고 자기가 쌓은 공덕을 내세우거나 자랑해서는 안 된다. 이와 같이 하면 훗날에 반드시 불도를 이루게 될 것이다."

부처님 말씀에 바사익왕은 고개를 숙인 채 조용히 물러갔다.

연등부처님께 꽃을 바친 수행자 선혜

석가모니가 전생에 부처가 되고자 수행을 하고 있을 때의 이야기이다.

거룩한 서원을 세우고 수행하던 선혜(善慧) 수행자는 연등부처님께서 세상에 나타나셨다는 이야기를 듣고 산에서 내려왔다. 산을 내려와 마을로 가는 길에 오백 명의 수행자를 만난 선혜 행자는 그들과 도(道)에 관한 이야기를 나누었다. 오백 명의 수행자들은 선혜의 가르침과 그의 서원을 듣고 마음 가득히 기쁨을 얻었으며, 그와 헤어질 때 각자 은전 한 닢씩을

2005년에 미얀마 양곤 응아탓지 수도원을 방문하여 발우를 기증받았다.

내어 그에게 감사의 마음을 전했다.

선혜가 그들과 헤어져 마을 어귀에 이르니, 집집마다 전단향을 피워놓아 향기가 온 마을에 가득했으며, 골목길은 물로 씻은 듯 말끔했다. 선혜 행자는 궁금한 생각이 들어 마을 사람에게 무슨 일이 있느냐고 물었다. 마을 사람은 오늘이 바로 연등부처님께서 이 마을에 오시는 날이라고 일러주었다.

선혜는 꼭 부처님을 뵙고 자기의 서원을 여쭙겠다고 일찍부터 생각해 온 터라, 연등부처님께 바칠 꽃을 구하려고 나섰다. 하지만 왕을 비롯한 수많은 백성들이 이미 연등부처님께 바칠 꽃을 준비하고 있었기 때문에 어디에서도 꽃을 구할 수가 없었다.

그때 마침 맞은편에서 고오피라는 왕녀가 일곱 송이의 푸른 연꽃을 가지고 걸어왔다. 꽃이 필요했던 선혜는 그녀에게 간절히 청했다.

"부탁입니다. 저에게 오백 닢의 은전이 있는데, 당신의 그 연꽃과 바꾸어주십시오. 이 은혜는 잊지 않겠습니다."

그러자 고오피 왕녀는 선혜의 거룩한 모습과 진실한 모습에 감동해 이렇게 말했다.

"저 역시 연등부처님께 꽃 공양을 올리기 위하여 준비한 꽃이지만, 깨달음을 얻게 되신 후 저도 제도해 주실 것을 약속하신다면 다섯 송이를 드리겠습니다."

이에 선혜는 고오피 왕녀와의 오랜 전생 인연을 알아보고 기쁜 마음으로 이를 허락했다.

다섯 송이의 연꽃을 구한 수행자 선혜는 부처님께서 지나가시기로 예정된 길목으로 갔다. 마침내 연등부처님께서 많은 제자들을 거느리고 거리에 나타나시자, 국왕을 비롯한 많은 백성들은 준비한 꽃을 던지고 향을 사르며 부처님께 경배했다.

그런데 사람들이 던진 많은 꽃 중에서 선혜가 던진 연꽃 다섯 송이만이 공중에 떠서 부처님의 머리 위를 장식했다. 이윽고 연등부처님께서 선혜를 보시고는 가까이 다가오셨다. 그런데 부처님이 오시는 길 중간에는 진흙 웅덩이가 하나 있었다. 이에 선혜는 부처님의 발이 더럽혀지지 않도록 지체 없이 진흙 위에 머리를 풀고 엎드렸다.

이 광경을 보시고 연등부처님께서는 다음과 같은 수기를 내리셨다.

"그대는 여러 생을 거듭하면서 수행을 했고, 몸과 마음을 바쳐 남을 위해 살았으며, 욕망을 버리고 자비행(慈悲行)을 닦아 왔으므로, 이제부터 구십 일 겁을 지나면 부처가 되어 석가모니라 일컬음 받게 될 것이다."

이 모습을 지켜본 고오피 왕녀는 선혜의 뜨거운 구도심(求道心)에 감동하여 함께 엎드려 절했다. 이 일이 연유가 되어 선혜는 뒤에 싯다르타 태자가 되어 출가해 석가모니 부처님이 되셨고, 고오피 왕녀는 야소다라 왕비가 되었다.

순수한 공양

어느 날 사위성에 살고 있는 비사구라는 여인이 기원정사에 계신 부처님을 뵙고 인사드린 후 이렇게 청했다.

"세존이시여, 수행에 지장이 없으시다면 제자들과 함께 저의 집으로 오셔서 공양을 받아주십시오."

여인의 청을 받아들인 세존께서는 제자들과 함께 비사구의 집에 가서 공양을 받았다. 이때 비사구가 세존께 다음과 같이 아뢰었다.

"부처님, 제게 소원이 있사오니 들어주시기 바랍니다. 첫째, 비올 때 스님들께 우비를 드렸으면 합니다. 둘째, 출가한 스님께 공양을 올리고 싶습니다. 셋째, 행각하는 스님께 여비를 드리고 싶습니다. 넷째, 병을 앓고 있는 스님께 약을 드리고 싶습니다. 다섯째, 병환 중의 스님을 간호하는 분들께 공양을 올리고 싶습니다."

이에 세존께서 비사구에게 물으셨다.

"그대는 무슨 인연으로 스님들께 그와 같은 공양을 하려는 생각을 내었는가?"

비사구가 대답했다.

"세존이시여, 저는 비구 비구니 스님들이 세존의 설법을 듣고 깨달음을 얻은 후 열반에 들 때나, 아니면 평소에도 비사구의 이야기를 자주 하실 줄로 생각되어서 그럴 때마다 저의 마음은 청정해질 것이라는 바람으로 그러한 원을 세우게 되었습니다."

이에 부처님께서는 다음과 같이 비사구의 공양을 허락하며 공양에 대한 귀중한 가르침을 내리셨다.

"착한 비사구여, 나는 기쁜 마음으로 그대의 공양을 허락하리라. 정직하고 순수한 공양은 마음의 평안을 얻게 할 것이며, 슬픔을 이기고 행복을 얻게 하리라. 아깝다는 생각, 바르지 못한 대가를 바라는 마음으로 공양하면 자신과 타인에게 이익이 없느니라. 그러나 기쁜 마음으로 하는 공양은 공양하는 자와 받는 자 모두를 행복하게 하느니라."

토끼의 소신공양(燒身供養)

부처님이 제타바나 수도원에 계실 때, 한 장자가 부처님과 여러 스님들을 초청하여 세상에서 가장 으뜸가는 맛을 골고루 갖춘 공양을 이레 동안 올렸다. 공양을 받은 마지막 날, 부처님은 그 장자의 공양 공덕을 찬탄한 후에 비구들의 청을 받아 다음과 같은 자신의 전생담을 설하셨다.

보살이 한때는 숲 속의 토끼로 태어난 적이 있는데, 그 토끼는 수달, 들개, 원숭이와 같이 살았다. 토끼는 그 친구들에게 계율과 포살(布薩)과 보시의 공덕에 대해 가르쳐주었다. 포살은 같은 지역 내의 수행자들이 보름날과 그믐날에 모여서 지난 보름 동안의 행동들을 반성하고 잘못이 있으면 그것을 고백하고 참회하는 행사이다.

어느 날, 토끼는 하늘의 달을 보고 보름이 다가온 것을 알았다. 그래서 친구들에게 이렇게 말했다.

"내일은 포살하는 날이다. 너희들도 계(戒)를 받고 포살에 참가하여, 계를 굳게 지키고 보시를 행하면 좋은 과보가 있을 것이다. 그리고 걸식하는 비구 스님이 찾아오면 응당히 공양을 올리도록 하자."

친구들은 기꺼이 토끼의 제안에 찬성하며 각자의 거주지로 돌아갔다.

다음날, 수달은 여느 때와 마찬가지로 먹이를 찾아 강가로 갔다. 잠시 후 수달은 물고기를 발견하고서는 '이것의 주인이 있습니까?' 하고 세 번을 소리쳤다. 주인이 나타나지 않았기에 수달은 물고기를 잡아 자기가 사는 곳으로 가지고 돌아와 자신의 행위가 계에 어긋났는지를 곰곰이 생각하다 잠이 들었다.

들개도 먹이를 찾아서 마을로 내려갔다. 아무도 없는 오두막에서 고깃덩어리와 우유를 찾아낸 뒤 '이것의 주인이 있습니까?' 하고 세 번 외쳐도 주인이 나타나지 않자 들개 역시 먹을 것을 가지고 자기의 처소로 돌아왔다. 그리고는 공양 시간에 먹기 위해 먹을 것을 숲 속에 두고 자신의 행동이 계에 어긋났는지를 곰곰이 생각하다 잠이 들었다.

원숭이는 먹이로 숲에 떨어진 망고 열매를 주워 가지고 자신의 처소로 돌아왔다. 공양 시간에 먹기 위해서 망고를 숲 속에 둔 후 계에 대해서 반성하고 잠이 들었다.

한편 석가보살의 화신인 토끼는 '공양 때가 되면 나는 그때그때 숲에서 풀을 뜯어먹으면 되지만, 만약 수승한 수행자가 나에게 탁발을 하러 온다면 그에게 풀을 대접할 수는 없다. 차라리 내 몸을 공양해야겠다'고 자기

처소에 누워서 다짐했다.

그때, 네 짐승들의 보시 정신을 시험하고자 자재천신(自在天神)이 탁발하는 수행자로 변신하여 그들을 찾아갔다. 수행자는 먼저 수달에게 가서 먹을 것을 부탁했다. 수달은 자신의 식량으로 마련해 둔 물고기를 선뜻 내놓았다. 자재천신인 수행자는 다시 들개에게 가서 공양할 음식을 부탁했다. 들개도 선뜻 자신의 음식으로 준비해 둔 고기와 우유를 내놓았다. 이번에는 원숭이에게 갔다. 원숭이는 자신의 망고를 아낌없이 내주었다. 마지막으로 토끼에게 갔다. 토끼는 수행자의 방문을 받고 기뻐하며 말했다.

"스님, 잘 오셨습니다. 오늘은 제가 지금까지 내놓은 일이 없었던 음식을 보시하려고 합니다. 그러나 스님께서는 살생을 하지 않을 것이니, 제가 직접 제 몸을 구워 올리겠습니다. 불이 지펴진 후에 제가 불 속으로 뛰어들 테니, 충분히 구워지면 고기를 드시고 부디 저를 제도하여 주십시오."

그 말을 들은 자재천신은 그 자리에 활활 타오르는 장작불을 만들었다. 그러자 토끼는 망설임 없이 불 속으로 뛰어들었다. 그러나 그 불은 자재천신이 토끼의 보살 정신을 시험하기 위해서 만든 것이기에 토끼의 털끝 하나도 태우지 않았다.

이러한 전생담을 들려주신 부처님은 이렇게 덧붙이셨다.

"그때의 수달은 지금의 아난이요, 들개는 지금의 목련이요, 원숭이는 지금의 사리불이며, 토끼는 지금의 나다."

이레 동안 스님들께 공양을 올린 장자는 이 법문을 듣고 크게 기뻐하며 큰 깨달음을 얻었다.

일타 스님의 소지공양(燒指供養)

일타(日陀) 스님(1929~1999)은 대한불교 조계종의 전계대화상을 역임하셨으며 선(禪)과 교(敎)와 율(律)을 두루 통달하셨던, 근대 한국 불교의 기둥으로 추앙받으신 큰스님이시다. 다음은 일타 스님의 치열했던 구도 시절의 이야기다.

젊고 패기 넘치던 청년 시절에 수행에 진력하던 일타 스님은, 어느 날 더욱 철저한 깨우침을 위해 다음과 같은 결심을 하게 되었다.

'나는 무슨 일이 있어도 다시 속가에 갈 사람이 아니다. 중노릇 아닌 딴 짓을 할 사람도 결코 아니다. 오로지 불법을 위해 살다가 죽을 몸인 것만은 분명한 사실! 이 기회에 결정심(決定心)을 완전히 다져놓아야만 한다. 연비(燃臂, 스님들이 득도식을 하거나 재가불자들이 오계를 수지할 때 팔뚝의 일부분이나 손가락을 향불로 태우는 의식)를 하자. 손가락이 없으면 세속적인 모든 생각이 저절로 뚝 끊어질 것이고, 손가락이 없는 나에게 누가 사람 노릇 시키려고 하지 않을 테니…….'

오대산 적멸보궁으로 들어간 스님은 성급하게 연비를 할 것도 아니고 하여, 여름 한철 석 달 동안 연비에 대한 생각도 점검할 겸 장좌불와(長坐不臥)를 하면서 열심히 정진하셨다. 그러던 어느 날, 대관령 꼭대기에 구름 한 점이 날아가는 것을 보고는 문득 깨우침을 얻게 되었다.

'이 몸뚱이는 뜬구름과 같은 것이다. 어디서 왔다가 어디로 가는 것인가. 사람의 일생 또한 저 뜬구름과 같이 어디선가 왔다가 어디론가 가버리는 것에 불과한 것. 이러할 때 깊은 연(緣)을 심어놓지 않으면 그야말로 허생허사(虛生虛死)밖에 되지 않을 것이다. 오대산과 같은 좋은 도량에 왔을 때, 이 마음을 깊이 다지고 연을 심어야 하리라.'

지금껏 어렴풋이 결심했던 연비를 단행할 순간이 마침내 도래한 것이었다.

이렇게 자신의 신체 일부를 태움으로써 세간을 떠나고 번뇌를 벗어나 깨우침을 구하는 연비구도에 대해서는, 불경에 다음과 같은 기록이 있다.

내가 열반한 뒤에 어떤 비구가 발심하여

결단코 삼매를 닦고자 할진대

능히 여래의 형상 앞에서

온몸을 등불처럼 태우거나 한 손가락을 태우거나

이 몸 위에 향 심지 하나를 놓고 태우면

내가 말하는 이 사람은

비롯됨 없는 숙세(宿世)의 빚을 한순간에 갚아 마치리니

길이 세간을 멀리 떠나 영원히 모든 번뇌를 벗어나리라

만약 이렇게

몸을 버리는 작은 인을 심지 않으면 무위도를 이룰지라도

반드시 사람으로 돌아와 그 묵은 빚을 갚으리니

내가 말먹이 보리를 먹은 것과 조금도 다를 바 없도다

_『능엄경(楞嚴經)』 제6권 사바라이장(四波羅夷章)

결심을 굳힌 스님은 적멸보궁에서 매일 삼천 배씩 이레 동안 기도를 드린 후, 출세·명예·행복 등 사람 노릇하겠다는 미련을 오른손 네 손가락 열두 마디의 연비와 함께 깡그리 태워 버리고, 홀로 태백산 도솔암으로 들어가 6년 동안 조그마한 갈등도 없이 참선 정진에 몰두했다고 한다.

빌랄라빠다까 이야기

부처님께서 사위성의 제타바나 수도원에 계실 때 일이다. 한 신심이 지극한 사람이 부처님께 찾아가 설법 듣기를 즐겨했다. 그는 어느 날 부처님의 설법을 듣고서 큰 감명을 받아 부처님의 가르침을 실천하기로 마음먹었다. 그 가르침은 제불보살과 청정한 수행자들에게 스스로 보시를 해야 할 뿐만 아니라, 다른 사람들도 함께 권하여 공덕을 지을 수 있도록 권선해야 한다는 것이었다. 그리하면 많은 선근공덕을 쌓게 되어 다음 생애에는 한량없는 복덕으로 스스로 뜻하는 바의 소원을 성취하게 된다는 것이었다.

'나는 가난해서 혼자서 부처님과 부처님의 제자들을 초청하여 공양을 올릴 수는 없지만, 우리 마을에는 나와 같이 생각하는 사람들이 많이 있을 거야.'

이렇게 생각하고 자신감을 가지게 된 그는 부처님께 찾아가 자기가 사는 마을에 오셔서 공양을 받아줄 것을 청했다. 부처님께서는 그 정성을 갸

륵하게 여기시고는 그들에게 선근공덕을 지을 수 있게 하고자 쾌히 승낙하시고 가실 날을 정해 주셨다.

그는 환희심에 넘쳐 마을에 돌아오자마자 마을 사람들에게 널리 이 소식을 알렸다.

"내일 아침 부처님과 훌륭하신 스님들이 우리 동네로 탁발을 나오십니다. 여러분들은 물건이나 음식을 준비해 공양을 올리십시오. 그리하여 공덕을 지으십시오."

마을 사람들 대부분은 그와 같은 마음을 가지고 있어 행복한 마음으로 각자 준비한 갖가지의 시주물을 그에게 내어주었다. 그러나 그 마을에서 가장 부자인 빌랄라빠다까는 집집마다 다니며 화주 권선하는 그의 행동을 못마땅해 하며 중얼거렸다.

"에이 치사한 자식! 자기가 공양할 수 있을 만큼만 비구를 부를 것이지, 왜 돌아다니며 다른 사람들까지 꾀어내는 거야?"

자신의 재물을 나눠줘야 하는 그 상황이 너무나 싫었던 빌랄라빠다까는 그에게 불만을 품었다. 그렇다고 해서 주변의 시선 때문에 전혀 참여하지 않을 수도 없는 일인지라, 그가 와서 공양 그릇을 건네며 이 그릇에 보시를 해달라고 하자 어쩔 수 없이 쌀과 버터와 당밀을 아주 조금씩만 주었다.

그러자 그는 고맙다고 치하하면서 그로부터 받은 물건들을 가져갔다. 빌랄라빠다까는 그가 자신이 시주한 몫만을 가지고 가는 것이 아마도 그가 다른 사람들에게 마을에서 가장 부자인 빌랄라빠다까가 고작 이것밖에 주지 않았다고 소문을 내어 자신을 부끄럽게 만들려는 것이거니 생각을 하고, 심부름꾼을 보내어 그가 어떻게 하는지 알아보라고 지시했다.

그런데 집으로 돌아온 그 사나이는 빌랄라빠다까에게 얻어온 것과 다른 사람이 낸 것을 골고루 섞어 누가 무엇을 얼마나 냈는지 아무도 알 수 없게 하는 것이었다. 심부름꾼은 본 그대로를 주인에게 말했지만 빌랄라빠다까는 심부름꾼의 말이 미덥지가 않아 다음날 직접 부처님과 그의 제자들에게 공양을 올리는 곳으로 가보기로 마음먹었다. 그리고 만약 그가 자신에 대하여 공양물을 적게 내주었다고 많은 사람들 앞에서 흉을 본다면 혼을 내줘야겠다고 생각했다.

아침이 되어 부처님과 많은 스님들이 발우를 들고 공양을 올리는 장소에 도착했다. 그러자 그 사나이는 부처님과 스님들 앞에 공손히 예배를 하고 준비된 음식을 올리면서 이렇게 이야기를 하는 것이었다.

"부처님이시여, 부족한 점이 너무 많사오나 지금 부처님께 올리는 이 공양물들은 우리 마을의 모든 사람들이 부처님께 공양 올리기 위해 한결같은 마음으로 정성을 다하여 준비한 것입니다. 이 공양은 오직 저희들의 신심과 정성만이 깃들여져 있사오니, 시주의 양이 많고 적음을 떠나 다만 모두가 평등하게 공덕을 얻기를 바라옵니다."

이 말을 들은 부처님께서는 대단히 기뻐하시며 그들의 '아름다운 공양'을 받으셨다. 이 모습을 지켜보던 빌랄라빠다까는 시주를 권선(勸善)한 그에 대해 자신이 큰 오해를 했음을 깨닫고, 그에게 용서를 구하지 못하면 자기는 결국 사악처(四惡處, 지옥·아귀·축생·수라)에 태어나는 과보를 면치 못할 것이라고 생각하게 되어 그에게 다가가 자기의 좁은 소견을 고백하고 진심으로 용서를 빌었다.

"여보게 좋은 벗이여, 나는 당신을 나쁘게만 생각했소. 부디 내 우매함과 옹졸함을 용서해 주시오."

이 말을 들은 그는 빌랄라빠다까에게 정성을 다해 도와준 것에 감사할 뿐 다른 생각은 전혀 없었다고 하며 이 갑부의 너그러운 행을 부처님께 말씀드렸다. 그러자 빌랄라빠다까는 자기가 몹시 인색했던 것을 부처님께 고백했다. 이때 부처님께서는 그 화해가 어떻게 해서 있게 된 것인지를 아신 뒤 그들에게 이렇게 말씀하셨다.

"여래의 제자들이여, 아무리 작은 선행일지라도 계속해서 행하게 되면 마침내 큰 선행으로 발전하느니라"라고 하시고 다음의 게송을 읊으셨다.

이것이 내게 무슨 영향을 미치랴 하여
작은 공덕 짓는 것을 가벼이 여기지 말라
지혜로운 사람은
그것을 조금씩 쌓아 큰 공덕을 만든다
마치 한 방울씩
떨어진 물이 큰 독을 채우듯이

나복(羅卜)은 아버지께서 돌아가시자 정성스럽게 삼년상을 치르고 재산을 셋으로 나누어, 하나는 어머니인 청제 부인께 드려 집안을 이끄는 데 쓰게 하고, 다른 하나는 또한 어머니께 드려 아버지를 위해 스님들을 모셔다가 공양을 올리며 지극한 천도재를 베풀도록 부탁드리고, 나머지 하나는 자기가 장사 밑천으로 쓰고자 했다.

그러나 어머니인 청제 부인은 아들이 지방의 먼 곳으로 장사를 떠나자 탁발 나온 스님들을 시주 대신 몽둥이로 때려서 내쫓고, 동물들을 죽여서 그 피와 내장으로 귀신에게 재를 지내고, 고기로는 매일 잔치를 벌이며 놀고먹는 데만 열중했다. 나복이 몇 년간의 장사를 끝내고 집으로 돌아오자 마을 사람들이 어머니의 극악한 그간의 행태를 알려주었다. 하지만 청제 부인은 나복에게 "만일 내가 스님들께 공양하지 않고 나쁜 짓을 했다면 중병을 얻어 이레도 못 살고 죽을 것이다"라며 오히려 큰소리를 쳤다. 그런 일이 있은 지 얼마 후 청제 부인은 자신의 말대로 이레도 되기 전에 원인 모를 병으로 죽고 말았다.

나복은 어머니의 장례를 치른 뒤 재산을 모두 어려운 이웃에게 나누어 주었다. 그리고는 부처님의 제자로 출가하여 열심히 수행한 끝에 신통제일 목련 존자가 되었다. 효성이 지극했던 목련 존자는 어머니가 죽은 뒤 어디로 가셨는지 찾아보았으나 그의 신통력으로는 도저히 알 수가 없었다. 이에 부처님의 도움으로 찾아보니 어머니는 구제되기가 기약 없는 무

시무시한 지옥에서 고통을 받고 있었다. 목련 존자는 눈물을 한없이 흘리며 세존께 어머니를 구원할 수 있는 방법을 간절히 청했다.

그러자 부처님께서는 이렇게 말씀하셨다.

"너의 어머니는 죄의 뿌리가 너무 깊어 너 혼자의 힘으로는 구제할 수가 없구나. 하지만 스님들이 안거를 마치는 음력 칠월 보름에 부모와 조상을 위해 밥과 여러 가지 음식, 과일 등으로 재(齋)를 지내고, 그 음식으로 시방의 대덕 스님들을 공양하게 하라. 지극한 정성으로 공양을 올리면 불보살과 여러 스님들의 위신력으로 모든 조상들이 구원을 받아 지옥의 고통에서 벗어나리라."

목련 존자는 부처님의 가르침에 따라 정성을 다해 갖가지 음식과 과일 등을 마련해 여법하게 재를 올렸다. 이 공덕으로 청제 부인은 물론 함께 지옥에 있던 뭇 대중들이 모두 지옥에서 벗어나게 되었다고 한다.

이후 불자들은 매년 음력 칠월 보름이 되면 큰 재를 마련해 살아계시거나 돌아가신 부모와 조상들을 위해 천도의식을 마련했는데, 이것이 곧 백중(百中·百衆, 우란분절)이다.

화주 시주 상봉

옛날 강원도 철원의 심원사라는 절에 묘선이라는 젊은 스님이 있었다. 강원 공부를 마친 지 얼마 안 된 스님은 매사에 의욕적이었다. 어느 날, 노

스님을 모시고 산책을 하던 묘선 스님이 노스님에게 말했다.

"스님, 절이 너무 쇠락하여 아무래도 보수를 해야겠습니다."

"알고 있다. 그러나 살림이 이렇게 어려워서 어디 엄두를 내겠느냐."

"스님, 오늘부터 제가 백일기도를 드려 불사를 시작하도록 하겠습니다."

묘선 스님은 그날로 백일기도에 들어갔다. 젊은 스님의 기도는 지극했다. 백일기도를 회향하는 날 밤, 묘선 스님의 꿈에 부처님이 나타나 이렇게 일러주셨다.

"묘선아, 네 기도가 참으로 간절하구나. 그 불심이 장하니 반드시 시주가 나타나 절 중창을 이루게 될 것이다. 내일 아침 일찍 화주(化主)를 구하러 나가도록 해라. 맨 처음 만나는 사람이 심원사 중창불사의 시주가 될 것이니라."

잠에서 깬 묘선은 설레는 마음으로 길 떠날 채비를 한 뒤 노스님께 인사를 드렸다.

"소승 화주를 다녀오도록 하겠습니다."

"오냐, 잘 다녀오너라."

묘선 스님이 막 산문 밖을 나서던 참이었다. 웬 나무꾼 하나가 아침 일찍부터 나무를 하고 있었다. 무심코 지나치려던 스님은 간밤의 꿈이 떠올라 그 나무꾼을 유심히 살펴보았다. 그는 아랫마을에 사는 머슴 박씨였다.

'가난한 머슴 박씨가 우리 절의 중창불사 시주가 될 수는 없을 텐데. 그냥 지나칠까?'

묘선 스님은 잠시 망설였다.

'아냐, 그래도 부처님께서 일러주신 말씀인데······.'

묘선 스님은 박씨 앞으로 가까이 다가갔다.

"처사님, 일찍 나오셨습니다."

"아이구, 심원사 스님이시군요. 어디 먼 길 떠나십니까?"

묘선 스님은 일손을 멈추고 공손히 인사하는 박씨에게 간밤의 꿈 이야기를 조심스레 들려주며 중창불사의 시주가 되겠느냐고 물었다. 박씨는 느닷없는 스님의 말에 잠시 동안 묵묵히 생각을 하더니 '그래, 장가갈 때 쓸 요량으로 그동안 머슴살이 하며 모은 재산을 차라리 절 짓는데 보시하여 부처님께 공덕이나 지어보자'고 마음속으로 결정을 내렸다. 이에 박씨는 기꺼운 마음으로 스님께 대답했다.

"부처님께서 제게 시주가 되라고 현몽하신 것은 아마도 큰 뜻이 있으셨기 때문일 겁니다. 스님 말씀에 따라 저의 전 재산을 불사기금으로 시주하도록 하겠습니다."

"참으로 고맙소, 이 인연 공덕으로 다음 생에는 더 좋은 인연을 받을 것입니다."

이렇게 박씨의 시주가 계기가 되어 여러 신도들이 너도나도 불사에 동참하기 시작했다. 심원사의 불사는 순조롭게 진행되는 듯 보였다. 그런데 이상한 일이 일어났다. 박씨가 시주를 한 지 얼마 되지 않아 시름시름 앓기 시작했던 것이다. 그러나 돈 한 푼 남기지 않고 전 재산을 모두 절에 시주해 버린 까닭에 박씨는 변변한 약 한 첩도 쓸 수가 없었고, 얼마 지나지 않아 그만 자리에 몸져눕고 말았다. 주인집에서는 머슴이 일을 못하고 눕게 되자 공밥을 먹일 순 없다며 박씨를 내쫓았다. 순식간에 오갈 곳이 없게 된 박씨가 기댈 곳은 절밖에 없었다. 절에서는 불사의 공덕주인 박씨를 위해 극진히 간병하면서 정성껏 기도를 올려주었다. 그러나 병세는 별반 차도가 없었다. 오히려 날이 갈수록 병은 악화되었고, 끝내 박씨는 죽고 말았다.

마을에서는 묘선 스님이 순진한 머슴 박씨를 꼬드겨 전 재산을 시주케 하더니 약 한 첩 제대로 못 써보고 결국은 죽게 했다며 원성이 자자했다. 그 소문은 이웃 동네까지 퍼져나갔다. 묘선 스님은 자괴감에 빠져 더 이상 심원사에 머물 수가 없었다.

절을 떠나기로 결심한 스님은, 그래도 부처님께 인사는 올리고 길을 나서고자 어둠이 채 가시지 않은 새벽에 법당으로 들어갔다. 그런데 희미한 등불 속에서 부처님을 바라보던 스님의 가슴 한편에서 원망의 마음이 불같이 솟아오르는 것이었다. '가피(加被, 부처나 보살이 자비를 베풀어 중생에게 힘을 줌)는커녕 시주자를 죽게 한 부처님'이라는 생각이 들자 묘선 스님은 자신도 모르게 헛간으로 발길을 옮기게 되었다. 스님은 그곳에서 서슬 푸른 묵직한 도끼를 찾아 이를 들고 법당으로 다시 돌아왔다. 그리고는 불상을 향해서 도끼를 내리친 후 어둠이 채 가시지 않은 절을 황망히 빠져나갔다.

그 뒤 묘선 스님은 마음의 갈피를 잡지 못하고 이곳저곳을 떠돌았다. 온 산하를 만행하던 묘선 스님의 발걸음은 늘 무겁기만 했다. 묘선 스님은 그저 정처 없이 발길이 닿는 대로 운수행각을 다니는 중이었다. 그러다보니 어느덧 삼십 년이란 세월이 흘렀다. 그렇게 지난날을 회상하며 무심하게

길을 걷던 어느 날, 묘선 스님은 예전에 자신이 불사를 중창하고자 했던 심원사에까지 이르게 되었다. 이미 폐사지가 되어버린 심원사를 바라보는 묘선 스님의 눈시울은 뜨거워졌다. 자신이 불상을 훼손하고 절을 떠난 지 얼마 되지 않아 노스님은 입적하셨고, 그렇게 되자 심원사는 오랜 시간 동안 빈 절로 남게 되었던 것이었다.

절은 삼십 년 전 불사가 중단된 모습 그대로였고 도량에는 잡초와 수목이 무성했다. 두근거리는 마음으로 들어선 법당에는 수북이 쌓인 묵은 먼지와 어지러운 거미줄이 여기저기에 얽혀 있었고 불상에는 여전히 도끼가 깊이 박혀 있었다. 묘선 스님은 일순간 여러 감정이 교차하며 서글픈 마음이 밀물처럼 복받치는 것을 느꼈다.

그때였다. 법당 바깥에서 웅성거리는 사람들의 소리가 들려왔다. 밖을 내다보니, 부임한 지 얼마 안 된 불심이 돈독한 젊은 사또가 심원사의 불상에 도끼가 박혀 있다는 소식을 접하고는 자신이 그 도끼를 뽑아보겠노라고 그곳에 찾아왔다.

사또는 먼저 와 있던 묘선 스님께 가볍게 인사를 드리고 법당으로 들어갔다. 사또는 도끼가 박혀 있는 불상을 한참을 서서 바라보았다. 그리고는 부처님 전에 지극한 모습으로 삼배를 올린 후 불상에 박혀 있는 도끼자루를 힘껏 잡아당기니 도끼는 소문과 달리 너무도 싱겁게 쑥 뽑혀버리는 것이었다.

사또는 자신이 뽑아내고서도 신기했던지 불상에서 뽑힌 도끼를 이리저리 살펴보다가 갑자기 의아한 표정을 지었다. 도끼의 표면에 '화주시주상

봉(化主施主相逢)'이라는 글자가 새겨져 있었던 것이다. 사또의 모습을 가만히 지켜보고 있던 묘선 스님은 깜짝 놀라며 비로소 부처님의 큰 뜻을 깨닫게 되었다. 묘선 스님은 영문을 몰라 하는 사또에게, 심원사 불사를 위하여 전 재산을 시주하고도 죽어버린 머슴의 사연과 자신이 심원사를 떠나 기약 없는 행각을 하게 되었던 이야기를 해주었다.

"소승이 바로 삼십 년 전에 이 불상에다가 도끼를 찍었던 사람입니다. 아마도 사또께서는 전생에 이 절의 불사를 위해 시주했던 머슴임에 틀림없습니다. 당시 시주를 권한 화주승은 바로 저이지요. '화주시주상봉'이란 글귀는 바로 화주승과 시주가 만나게 되는 오늘의 인연을 부처님께서 미리 예측하신 뜻이 아니었는가 생각합니다."

스님은 지난날을 회상하며 감회에 젖어들었다. 묘선 스님의 설명을 들은 사또는 전후사정이 이해가 되는 듯 고개를 끄덕이더니 스님에게 공손히 삼배를 올리며 이렇게 말했다.

"스님, 이제는 멀리 떠나지 마십시오. 부처님 뜻으로 인연 맺어 스님과 제가 다시 만났으니 심원사 불사를 완성해야 하지 않겠습니까? 필요한 불사금은 제가 모두 시주하도록 하겠습니다."

묘선 스님의 원력과 사또의 시주로 심원사 중창불사는 다시 활발히 재개되었다. 삼십 년 만에야 비로소 불사를 회향하게 된 것이다.

지금의 경주 땅 모량리에 경조라는 한 가난한 여인이 아들과 함께 살고 있었다. 그녀의 아들은 머리가 크고 이마가 평평하여 생긴 모습이 마치 성(城)과 같다 하여 이름을 대성(大城)이라 지었다. 대성은 이웃 마을의 부잣집에 가서 머슴살이를 했는데, 열심히 일한 결과 그는 초가삼간과 밭을 조금 마련할 수 있었다.

그러던 어느 날, 점개라는 이름의 스님이 대성이 주인으로 모시고 있는 부자의 집을 찾았다.

"스님, 어서 오십시오. 이른 아침부터 어인 일이신지요?"

"소승 흥륜사에서 개최할 법회에 필요한 불사금을 화주키 위해 이렇게 일찍 마을로 내려왔습니다. 정성껏 시주하셔서 부디 공덕을 지으시길. 나무관세음보살."

그러자 부자는 이렇게 말했다.

"스님, 저는 베 오십 필을 공양 올리겠사옵니다."

이에 스님이 축원하며 말했다.

"신도가 즐겨 보시를 하면 천신이 항상 보호하며, 하나를 보시하면 만 배를 얻게 될 뿐 아니라 안락과 장수를 누릴 것입니다. 나무관세음보살."

점개 스님이 이렇게 축원하는 말을 옆에서 물끄러미 듣고 있던 대성은 급히 집으로 뛰어가 어머니를 찾았다. 다급하게 달려오는 아들을 보고 어머니가 물었다.

"아니 무슨 일이기에 숨이 턱에 차도록 이리 급한 것이냐?"

어머니의 질문에 아들 대성이 말했다.

"제가 지금 주인집에서 일을 하다가 흥륜사 스님의 말씀을 듣자오니 하나를 시주하면 만 배의 복을 받는다고 하였습니다. 우리는 전생에 시주한 것이 없는 까닭에 이렇게 고생을 하나봅니다. 지금 또 시주하지 않으면 다음 세상에 더욱 큰 고생을 하게 될 것입니다. 어머니, 우리도 시주 공덕을 쌓아서 오는 날의 복을 지읍시다."

그의 어머니도 좋은 일이라 흔쾌히 찬성하여, 머슴살이로 얻은 밭을 흥륜사 법회에 보시했다. 그런데 대성은 그 후 얼마 안 돼 이유를 알 수 없는 병으로 시름시름 앓다가 그만 죽고 말았다. 대성이 죽던 날 밤, 그 어머니

의 슬픔은 하늘을 통곡케 했다. 그날 밤은 유난히도 별이 총총했다. 그런데 갑자기 하늘에서 이상한 소리가 들리면서 큰 별 하나가 재상 김문량의 집을 향해 떨어졌다. 그런 뒤 하늘에서 이런 소리가 들렸다.

"모량리의 대성이란 아이가 네 집에서 환생하리라."

김문량의 집 식구들은 모두 놀라 자신의 귀를 의심하였으나, 누구 하나 빠짐없이 그 소리를 들었다고 했다. 김문량은 즉시 모량리로 사람을 보내 이를 알아보았다. 그 결과, 바로 그 시각에 모량리에서 김대성이라는 아이가 죽었다는 것이었다. 그로부터 얼마 되지 않아 김문량의 아내는 태기가 있어 열 달 후 아들을 낳았는데 아기는 건강했고 이목구비가 뚜렷했다.

그런데 이상하게도 왼손을 꼭 쥔 채 펴지 않더니 이레 만에 펴는 것이었다. 아기의 손바닥에는 '대성(大城)'이라는 글자가 적혀 있었다. 김문량은 다겁생에 얽혀 있는 인연을 깨닫고 모량리에 사는 가난한 대성의 선 어머니를 집에 모셔와 편안히 살게 배려해 주었다.

재상의 아들로 환생한 대성은 부족함이 없는 넉넉한 환경에서 전생과 현생의 부모님을 함께 모시고 씩씩한 청년으로 성장했다. 그는 장성하면서 유달리 사냥을 좋아했다. 하루는 토함산에 올라가 곰을 잡았는데, 그날 밤 산 밑 마을에서 유숙(留宿)한 대성의 꿈에 곰이 귀신으로 변신해 나타났다.

"어째서 너는 나를 죽였느냐? 내 다시 환생하여 너를 꼭 잡아먹을 것이니라."

당장 잡아먹을 듯 귀신이 호령을 하자 대성은 두려워 벌벌 떨면서 용서를 빌었다.

"제발, 한 번만 용서해 주십시오. 별다른 뜻이 있어서가 아니라 그저 사냥을 좋아하다보니 남의 생명 귀한 것을 미처 깨닫지 못했습니다. 세세생생(世世生生) 다시는 그런 잘못이 없을 것이오니 너그러이 용서해 주십시오."

대성이 눈물을 흘리며 진실로 뉘우치니 귀신은 화를 가라앉힌 듯 조용한 어조로 말했다.

"그럼 네가 나를 위해 절을 세워 나의 죽음을 천도하여 주고, 불보살님을 찬탄하는 공덕을 쌓도록 도와주겠느냐?"

"예, 그렇게 하겠습니다."

대성은 선뜻 맹세를 했다. 이제 살았구나 하는 홀가분한 기분으로 꿈에서 깨어나니 잠자리는 땀으로 흠뻑 젖어 있었다. 그 후 대성은 그 곰을 잡았던 자리에 장수사(長壽寺, 일명 웅수사)를 창건했고 이를 계기로 깊은 대비원(大悲願)을 발하게 되었다. 그 후로도 경전 공부에 열을 다하고 기도에 전력하던 대성은 『부모은중경(父母恩重經)』을 읽으면서 효 사상이 부처님 가르침의 중심일 뿐 아니라 인간이 지켜야 할 근본임을 깊이 깨달았다. 그리하여 대성은 부모를 위해 절을 짓고자 원력(願力)을 세우고 현세 부모를 위해 불국사 건립이라는 대 불사를 시작했다.

'사바세계의 불국, 그리고 극락세계와 연화장세계의 불국 도량을 이룩하여 부모의 명복을 기원하고 나라의 안녕과 나 자신의 구원을 기원하리라.'

김대성의 발심은 드디어 대가람을 이룩했다. 그러나 대성은 불국사 건립으로 자신의 기도가 끝났다고 생각하지 않았다. 그는 가난한 시절에 자기를 키우느라 애쓰셨고, 선뜻 밭을 보시하신 전생의 어머니와 일찍 세상을 떠난 아버지의 영령을 천도하고 그 은혜에 보답하기 위해 토함산에 석불사를 세웠으니, 그 절이 바로 세계적으로 유명한 오늘의 석굴암이다.

성도암 나한의 팥죽 공양

동짓날에 절에서는 팥죽을 쑤어 대웅전과 나한전에 공양을 올리고, 온 대중이 팥죽으로 공양을 하며 한 해의 묵은 때를 벗어버리고 새해를 맞이하는 풍습이 있다. 그런데 성도암이라는 절의 공양주 보살은 그만 동짓날에 늦잠을 자고 말았다.

"공양주 보살님, 아니 오늘이 어떤 날인데 지금껏 잠만 자고 있습니까? 빨리 일어나세요."

기도스님의 잠 깨우는 소리에 정신이 번쩍 든 공양주 보살은 황급히 부엌으로 달려갔다. 하지만 늦잠을 잔 탓에 아궁이의 불씨마저 꺼져버리고 재만 그득히 남아 있었다.

불씨를 다시 얻어 오기 전에는 부엌일을 할 수가 없었기에 공양주 보살은 그만 가슴이 철렁 내려앉고 눈앞이 캄캄해졌다. 부처님께 죄송한 마음은 둘째 치고 당장 주지스님의 불호령이 떨어질 것만 같아 보살은 꽤 한참을 안절부절 못했다. 결국 생각다 못한 공양주 보살은 아래 동네의 김 서방네 집에 가서 불씨를 얻어오려고 부리나케 발길을 재촉했다.

그날따라 찬바람이 쌩쌩 불고 눈은 발목까지 푹푹 빠지니 김 서방네 집은 천리만리나 되는 것 같았다. 겨우 김 서방네 집에 도착한 공양주 보살은 큰 소리로 김 서방을 불러 자초지종을 이야기했다.

그러자 김 서방이 의아해 하며 물었다.

"아까 행자님이 오셔서 불씨를 얻어 갔는데 불이 또 꺼졌나요?"

이 말을 들은 공양주 보살은 김 서방보다 더욱 의아한 눈빛이 되었다.

"행자님이라니요? 우리 절에는 행자님이 없는데……."

미심쩍어 하는 공양주 보살에게 다시 김 서방이 말했다.

"그래요? 하지만 조금 전에 분명히 어떤 행자님이 자신이 성도암에서 왔다며 배가 고프다고 하시면서 팥죽까지 한 그릇 드시고, 불씨도 얻어가셨는데요."

성도암에는 행자라곤 없었으니 공양주 보살은 마치 귀신에 홀린 듯한 기분이 들었다. 어쨌든 다급한 마음에 불씨를 빌려 다시 부리나케 절로 돌아왔다. 그리고 절에 도착한 공양주 보살은 더욱 놀라운 광경을 보게 되었다. 놀랍게도 부엌의 아궁이에서 장작불이 활활 타오르고 있었던 것이다.

공양주 보살은 꼭 무엇에 홀린 듯하였으나 일단은 팥죽을 쑤는 일이 급선무였기에 급하게 서둘러서 팥죽을 쑤어 먼저 대웅전의 부처님께 공양을 올리고선 곧바로 나한전으로 팥죽을 가지고 갔다. 그런데 나한님께 팥죽을 올리던 공양주 보살은 그만 까무러치게 놀라고 말았다. 공양주 보살을 내려다보며 빙그레 웃고 계시는 나한님의 입가에 붉은 팥죽이 묻어 있었기 때문이었다.

"아이고, 나한님. 잘못했습니다."

공양주 보살은 그대로 엎드려 크게 절을 올렸다. 김 서방 집에서 팥죽을 얻어 드시고 불씨를 얻어다가 아궁이에 장작불을 지핀 행자는 바로 그 나한님이었던 것이다.

돈 한 푼, 거울 하나, 물 한 병의 보시

부처님이 사위국 기수급고독원(祇樹給孤獨園)에 계실 때의 이야기다.

사위국의 한 부유한 장자가 아들을 낳았는데, 온몸이 금색으로 빛났다. 장자는 이를 매우 기뻐하여 잔치를 열고 아들의 이름을 금천(金天)이라고 지었다. 금천은 타고난 복이 넉넉했던지 그가 태어나던 날 집 안에 난데없이 우물이 솟아났는데, 그 우물은 신기하게도 사람들이 바라는 것을 모두 쏟아내는 것이었다. 이윽고 금천은 성장하면서 여러 가지 학문과 기예를 배워 출중한 청년이 되었다. 사위국의 장자는 그런 아들이 너무나 자랑스럽고 또 사랑스러워 좋은 배필을 구해 주리라 마음먹었다.

'이 세상에 내 아들보다 잘생긴 사내는 없을 것이다. 그러니 보통 처녀를 며느리로 맞을 수는 없다. 내 아들처럼 온몸이 금빛으로 빛나고 뛰어나게 아름다운 처녀를 구하리라.'

같은 무렵, 이웃나라인 염바국의 장자는 딸아이를 하나 얻었는데 이름을 금광명이라 지었다. 그녀는 온몸이 금빛으로 빛났고, 피부는 이루 말할 수 없이 고왔으며 자태 또한 천녀와 같았다. 그녀가 태어나던 날에도 그 집 안에 우물이 저절로 솟아났는데, 그 우물 역시 사람들이 원하는 물건을 끊임없이 쏟아냈다. 염바국의 장자는 이 모든 일이 딸아이의 타고난 복 때문이라고 생각하고 기뻐했다. 금광명이 시집갈 나이가 되자 장자는 생각했다.

'선녀처럼 아리따운 내 딸아이의 배필은 뛰어난 청년이어야 할 것이다. 온몸이 내 딸처럼 금빛으로 빛나는 이를 구해 혼인시켜야겠다.'

금광명의 이름은 멀리 사위국까지 퍼지게 되었고, 금천의 이름 역시 염바국에 전해지게 되었다. 두 장자는 누가 먼저랄 것도 없이 사람을 보내 혼인하기를 청해 자신의 아이들을 결혼시켰다. 사위국의 장자는 좋은 며느리를 얻은 것이 너무나 기뻐 부처님과 스님들을 초청해서 공양을 베풀고자 했다.

부처님은 장자의 집에 이르러 공양을 마치시고는 장자와 금천 부부를 위해 설법을 하셨다. 그러자 그들은 곧 수다원과(須陀洹果, 그릇된 견해, 진리에 대한 의심 따위를 버리고 성자의 무리에 들어가는 성문의 마지막 지위)를 얻었고, 금천 부부는 법열을 느껴 부모님께 출가하려는 뜻을 비쳤다. 부모가 흔쾌히 허락하자 그들은 부처님을 따라가 출가하기를 청해 금천은 비구들과 함께 생활하게 되었고, 금광명은 비구니가 되었다. 이들은 열심히 정진하여 얼마 지나지 않아 아라한(阿羅漢)이 되어 온갖 번뇌를 끊었다.

이에 아난(阿難)이 부처님께 여쭈었다.

"알 수 없는 일입니다, 부처님. 저 금천과 금광명은 어떤 복업을 닦았기에 부유한 집안에 태어나 온몸이 금빛으로 빛나고 얼굴이 단정하기가 아무도 따를 자가 없는 것입니까? 또 그들이 태어나던 날 집 안에 저절로 솟구친 우물은 어찌된 일입니까?"

이에 부처님께서는 금천과 금광명의 다음과 같은 전생담을 설하셨다.

먼 옛날 구십 일 겁 전에, 비바시불(毘婆尸佛, 과거칠불의 첫째 부처)이 열반에 드신 후 여러 비구들은 방방곡곡을 돌아다니며 중생들을 교화하다가 한 마을에 이르게 되었다. 그 마을의 사람들은 비구들이 온 사실을 알고 앞 다투어 의복과 음식을 보시하여 모자람이 없게 했다. 하지만 그 마을에는 매우 가난한 부부가 살고 있었는데, 그 남편은 온 마을 사람들이 스님들께 공양하느라 분주한 모습을 바라보다가 이런 생각을 했다.

'부모님이 살아계실 때 우리 집 창고에는 재물과 보배가 가득 넘쳤는데,

이제 우리는 풀을 깔고 자고, 몸을 가릴 옷마저 변변치 않구나. 게다가 밥을 지을 쌀 한 되가 없으니 이 얼마나 기막힌 노릇인가? 부자로 살 때는 보물이 넘쳐나도 이런 성중(聖衆)을 만나지 못하더니, 이제 그분들이 오셨으나 공양할 재물이 그 어느 것도 남아 있지 않구나. 아, 우리는 왜 이다지도 박복하단 말이냐?'

이렇게 슬퍼하던 남편은 아내의 팔에 눈물을 떨어뜨렸다. 그러자 아내가 물었다.

"무엇 때문에 눈물을 흘리십니까?"

그러자 남편이 설명했다.

"당신은 보지 못했소? 마을 사람들이 스님들에게 앞 다투어 공양을 베풀고 있소. 그런데 나는 저 스님들에게 공양을 올리고 그들과 좋은 인연을 맺고 싶으나 가진 것이 아무것도 없어서 보시할 그 무엇도 없구려. 그러니 내 신세가 처량하고 갑갑해서 그러는 것이오."

남편의 말을 들은 아내가 다시 말했다.

"여보, 정 그러시다면 옛날 창고에 가서 한 번 샅샅이 뒤져봅시다. 혹시 돈 될 만한 물건이 나올지도 모르잖아요."

이에 부부는 창고로 달려가 한나절을 뒤진 끝에야 겨우 돈 한 푼을 주웠다. 아내는 자신의 유일한 소유물인 거울을 내놓기로 했다. 그들은 돈 한 푼과 거울을 가지고 병에 깨끗한 물을 담아서 스님들 앞에 나아가 지극한 마음으로 보시했다. 스님들은 가난한 부부의 공양물을 받고 칭송한 뒤, 그 물을 마시고 발우도 씻었다. 그 공덕으로 부부는 현생의 목숨을 마치고 도리천에 태어나게 된 것이었다.

금천과 금광명의 전생담을 들려준 후 부처님께서는 아난에게 이르셨다.

"아난아, 그때 돈 한 푼과 거울 하나와 한 병의 물을 가져다 스님들에게 보시했던 부부가 바로 지금의 금천과 금광명이니라. 그들은 그 공덕으로 구십 일 겁 동안 세상에 태어날 때마다 온몸이 금빛으로 빛나고 얼굴이 단정하기 그지없게 된 것이니라. 그러므로 가난하다고 복을 짓지 않아서는 안 되느니라. 가난한 부부가 조그만 보시를 함으로써 한량없는 복의 과보를 받은 것이니라."

아난을 위시한 대중들은 부처님이 들려주신 이야기를 듣고 모두 부지런히 보시하여 복덕을 쌓기로 결심하고 기뻐하며 받들어 행했다.

밥티의 소원

노스님과 행자가 함께 공양을 하고 있었다. 평화롭게 공양을 마친 뒤 발우를 씻으려 할 때 노스님께서 행자에게 갑자기 말을 건넸다.

"애야, 네 옆에 한 중생이 슬프게 통곡하고 있구나."

행자는 노스님의 갑작스런 말에 놀라 반문을 했다.

"예? 무슨 말씀이신지. 제 옆에는 지금 스님뿐인데 누가 통곡을 하고 있다는 것인지요?"

"애야, 지금 이 순간에도 삼계(三界) 사생(四生) 육도(六道) 중생이 함께 있으며, 네 옆에도 한 톨의 밥알 중생이 통곡을 하고 있는데, 너는 그 소리를 아직도 듣지 못하느냐? 너는 언제쯤 마음의 소리를 들을 수 있겠느냐? 귀를 통하여 듣는 소리나 눈을 통하여 보는 것은 모두가 환상이며 무상이요 거짓된 것이다. 마음과 마음으로 소리 없이 듣고 빛없이 보는 것이 진실한 것이란다.”

그러면서 노스님은 합장을 하고 몇 마디 주문을 외웠다. 그러자 조금 전 행자가 떨어뜨린 밥알 하나가 점점 커지더니 행색이 남루한 노인으로 변신했다.

손을 무릎 위에 얹고 고개를 숙인 노인의 두 눈에서 구슬 같은 눈물이 떨어지더니 양쪽 볼을 타고 흘러내렸다. 남루한 모습의 노인은 흐느끼는 목소리로 이야기를 시작했다.

“스님, 저도 한때는 사람이었으나 행실이 사람답지 못하고 말로 형언하지 못할 온갖 악행을 저지른 과보로 인하여 삼악도(三惡道)의 나락으로 떨어졌습니다. 그 후 인간이 되기 위하여 수천, 수만 년 전부터 뼈를 깎고 살을 베어내는 참회의 기도를 해왔습니다. 그러나 사람이 되기에는 천문학적인 어려움이 따랐습니다. 업의 과보를 따라 지구 중심부의 광물질이나 돌이 되어버리면 헤아릴 수 없는 세월이 지나야 지표로 나올 수가 있었으며, 사람들이 사는 도처의 광물질, 흙, 풀벌레가 되어 사람을 볼 수만 있어도 환희의 기쁨 속에서 정진을 게을리 하지 않았답니다. 어쩌다 유실수가 되고 논과 밭의 작물이 된다 하더라도, 뿌리나 줄기 혹은 이파리가 되며, 열매의 껍질이 되고 말며, 그래도 복이 조금 있으면 풀벌레나 동물의 먹이

가 되기도 하지만, 사람 근처에 살기도 어려웠답니다. 소인도 수십 수백만 유실수나 논과 밭의 작물이 되기도 했으나 사람은 되지 못하고 물고기, 혹은 기고 뛰는 짐승이 되었답니다. 풀벌레나 짐승이 될 때면 사람에게 뜯어 먹히고 잡혀 먹히고 싶은 심정, 흘러가는 물이 되고 지나가는 공기가 되어 사람에게 마셔달라고 애원하며 기도하는 그 심정……."

목이 메는지 노인은 잠시 말을 끊었다가 다시 이어갔다.

"만물의 영장, 자유로운 삶을 누리는 인간, 생각만 해도 가슴이 벅차오르는 환희, 이 세상의 유정(有情) 무정(無情) 무색(無色) 중생들의 소원은 오직 인간이 되는 것뿐이었더랍니다. 그렇게 온갖 사연을 지니고 유수한 세월을 보내다가, 드디어 저도 삼 년 전에는 논의 흙이었으나 올해 불보살님의 은혜로 벼의 뿌리를 지나고 줄기를 거쳐 씨방에 들어갈 수 있었답니다. 그때의 기쁨과 환희는 사람이 다 된 기쁨이요, 즐거움이었습니다.

밤이면 천신과 별들에게 기도하고 낮이면 내게 주어진 일을 하면서도, 날마다 불안하고 초조했답니다. 이유는 내 옆에 있는 벼들이 병충해로 말라버리기도 하고, 채 여물기도 전에 낮의 새들과 밤의 쥐들에게 먹혀버리곤 했기 때문이지요. 어떤 때는 하늘이 무너지는 것 같은 공포를 느낄 때도 있었습니다. 벼를 벨 때에도, 탈곡을 할 때에도, 튕겨져 나가는 법우들의 비명에 아비규환이 되었습니다. 자루에 담겨 창고에 있다가 쥐에게 까먹히는 법우들의 울음소리가 밤마다 메아리쳤습니다.

그러나 우리들은 매시간 기도를 하면서, 잠시라도 겨를이 생기면 많은 이야기를 나누었답니다. 어떤 친구는 물에서 왔고, 어떤 친구는 공기에서 왔으며, 풀에서 오거나 동물에서 온 이도 있었답니다.

부처님을 아느냐고 물었더니, 부처님을 알고는 있지만 인간의 몸을 받지 않고는 부처님의 깊은 뜻을 이해할 수 없으니 모두들 사람의 몸 받기를 원했으며, 사람의 몸을 받는다 하더라도 불법 문중에서 공부하기를 서원한다고 했습니다.

그로부터 저는 얼마 동안 창고에 있다가 정미소에 갔는데 제 친구들은 다시 한 번 울음바다를 이뤘습니다. 그 숱한 세월을 기다리고 바라던 꿈이었건만, 기계는 그저 무심했습니다. 어떤 법우들은 기계에 들어가서 깨져버리고, 껍질들은 모두 벗겨져서 땅에 떨어져 묻혀버리고 잃어버렸으니, 이곳에 오기까지는 말로 표현하지 못할 많은 사연들이 있었습니다. 그러한 수많은 사연을 간직하고 마침내 밥이 되기 위하여 오늘 아침 솥으로 들어갈 때 저는 이렇게 기도했답니다. '이 몸이 사람으로 태어날 수만 있다면, 백 도가 아니라 천 도, 만 도의 뜨거움도 달게 감당하겠습니다. 부디 사람이 되게 해주십시오' 하고요. 정말이지 벅찬 감동에 휩싸여 부처님 앞에 발원했습니다. 그렇게 간절하게 기도한 저의 소원이 이루어진 것인지, 저는 천만다행으로 신심 지극한 불자님의 인도로 공양미가 되었으며, 부처님을 참배하는 벅찬 행운까지 얻었으나, 인연이 끝내 미치지 못한 일부 법우들은 누룽지가 되고, 주걱과 솥 사이에서 으스러지는가 하면, 절에서 키우는 개의 목구멍으로 들어가 버리기도 했습니다. 그러나 저는 인간되기도 어려운데 수도하시는 스님의 발우에 담겨졌기에 기쁨이 몇 백 배, 몇 천 배 더했지요. 그러나 그만 불행히도 마지막 단계에서 행자님의 숟가락에서 바닥으로 떨어지고 말았으니, 그 슬프고 원통함을 어찌 다 말씀 드리오리까!

다 된 밥에 코를 빠뜨려도 유분수지, 이제는 저도 수행자의 눈이 되어 경을 보고, 수행자의 입이 되어 염불을 하고, 수행자의 손이 되어 열심히 정진하겠노라는 안도의 환희심에 즐거운 마음으로 쾌재를 부르던 마지막 순간에 이렇게 바닥에 떨어지고 만 것입니다.

이제 제 신세는 무엇이 되겠습니까? 방바닥에 말라서 흙먼지가 되겠습니까, 아니면 하수도 구멍에 들어가서 지렁이 밥이 되었다가 썩고 썩어 또 다른 무엇이 되겠습니까. 언제쯤 인간의 몸을 받을 기회가 오겠습니까. 죽을 수만 있다면 천만 번이라도 죽고 싶지만, 죽을 수 없는 것이 법이며, 모

든 것이 죽으면 끝나는 줄 알지만 형태만 변하고 변화하는 것이 진리요, 인과입니다."

말을 마치자 노인은 눈물을 흘리며 '내 언제 다시 인간이 되려나' 하고 중얼거리며 다시 밥알로 변했다. 이제까지 밥알의 말을 듣고 있던 행자는 그 밥알을 얼른 주워 먹으면서 '밥이 똥만 되는 것이 아니라 눈도 되고 입도 되어서 사람이 되는구나' 하고 생각했다. 그러면서 눈물로 천만 년을 간절하게 애원하고 기도하여 사람이 되겠다던 밥알의 발원을 거듭 생각하게 되었다. 그런 행자에게 노스님이 말했다.

"애야, 밥만 사람이 되는 게 아니라 저 흐르는 물과 공기는 물론, 밥상의 모든 반찬도 사람이 되기를 염원하며, 또한 사람이 되는 것이란다. 그런데 사람들은 그것을 모른 채 음식을 아무렇게나 먹고 아무렇게나 버리는구나. 음식을 버리는 것은 죄 중에도 큰 죄에 들어가며, 내세에는 식복이 없는 중생으로 태어나니 배고픈 귀신이 되기가 일쑤란다. 따라서 음식이란 항상 깨끗하게 먹고, 먹다 남은 음식은 짐승이나 나는 새 등에게 줄 것이며, 짐승이 못 먹을 음식물은 꽃이나 나무, 곡식에게 주어야 하느니라.

물은 소를 만나면 소가 되고, 뱀을 만나면 뱀이 되며, 개나 돼지는 물론 소나무, 감나무, 가시나무, 모란꽃, 봉선화, 약초, 독초 등을 만나면 모두 그것들에 감응하여 변화하는 것이나, 근본인 물의 성품은 흩어지지 않는 것이란다. 사람들이 성질내고 어리석으며 욕심내는 죄를 지으면, 그 세포도 죄를 지은 업보를 받게 되는 것이니, 음식은 먹는 것보다 소화를 시키는 일이 더 큰일이란다.

따라서 한 생각이라도 나쁜 마음을 내면 수십억의 세포들이 독심을 품거나, 의심 혹은 사심을 품고 육체를 떠나 나쁜 귀신, 독이 있는 풀, 사나운 짐승이 되고, 지옥에 들어가 수많은 세월 동안 고통을 받게 되는 것이다. 그러니 사람이 한 생각을 잘못하면 죄 없는 그 많은 세포들의 운명이 어찌 되겠느냐. 한 방울의 물에도 천지의 은혜가 깃들어 있고, 한 톨의 곡식에도 만민의 노고가 스며 있는 것이니, 밥티가 통곡하는 소리를 네가 들었느냐?"

_성훈 스님의 『밥티의 소원』 중에서

보시의 공덕

부처님께서 여러 제자들과 함께 강기슭에 계셨을 때의 일이다.

비야샤 선인은 모든 학문에 통달하고 있었을 뿐만 아니라 몸가짐도 엄숙했다. 그는 석가모니 부처님이 강기슭에 계신 것을 멀리서 뵙고, 제자들을 데리고 부처님께 찾아와서 예배를 드렸다.

"부처님을 여기서 뵈옵는 것은 저희들의 크나큰 기쁨입니다. 제자들과 함께 이곳에 온 것은, 보시라는 것은 무엇을 뜻하는 것인지, 또 무슨 까닭으로 보시를 하는지, 참다운 시주자란 어떤 사람을 말하는 것인지, 또 부처님께서 열반하신 후에 그 탑에 공양을 바치는 사람은 복덕을 받는다고 하는데 누가 그 공을 받는 것인지 여쭙고 싶어서입니다."

부처님께서는 다음과 같이 말씀하셨다.

"보시에 대해 설명하리라. 보시라는 것은 재물을 베풀 때 그 보답이 자기에게 되돌아오는 까닭에 보시라고 하는 것이다. 그리고 시주라는 것은 자기 소유의 음식, 침구 등을 자기 손으로 남에게 베푸는 것을 말함이다.

그러나 부정한 보시에는 공덕이 있을 수 없다. 그것은 마치 오염되어 말라비틀어진 씨앗을 황폐한 밭에 심으면 비가 와도 그 씨앗은 썩어버리게 되는 것과 같은 이치이다. 만약 운 좋게 싹이 나왔다 하더라도 꽃을 피울 수 없을 것이고, 그래서 열매도 맺을 수 없는 것과 같이, 부정한 마음으로 행한 보시는 결코 공덕의 열매를 얻을 수가 없는 것이다.

마음에 믿음을 가지고 베푸는 것을 보시라고 함이니 미래를 두려워하지 않고, 또 타인을 경시하지 않고 행하는 것을 참다운 보시라고 하는 것이다. 사람이 복덕이라는 것을 염두에 두지 않고 계를 가지고 있는 사람이거나, 계를 가지고 있지 않은 사람이거나 간에 마음에 믿는 마음으로 모든 것을 사랑한다는 염원을 가지고 재물을 베푼다면, 이런 사람을 참다운 시주자라고 하는 것이다.

그리고 보시에는 세 종류가 있으니 물질을 전하는 재보시, 진리를 전하는 법보시, 두려움을 극복하게 하는 무외시(無畏施)가 있다. 보시는 믿는 마음을 가지고 생명을 가진 모든 생물에 대하여 자비한 마음, 한결같은 마음, 기쁜 마음을 가지고 베풀어야 하는데 이것을 깨끗한 보시라고 하는 것이다.

내가 열반 후 탑에 공양하는 사람들의 공덕은, 현재 나에게 공양을 하는 공덕과 조금도 다를 바가 없다. 왜냐하면 법신인 부처님은 육체라는 것을 초월하고 있기 때문에 육체가 존재하건 안하건 간에 부처님을 공양하는 마음은 모두가 평등하고 같은 것이다."

이어서 부처님께서는 재물이 없어도 큰 공덕을 쌓을 수 있는 무재칠시(無財七施)의 일곱 가지의 보시에 대해 다음과 같이 말씀하셨다.

"첫째, 안시(眼施)는 눈으로 보시하는 것을 말한다. 부드럽고 편안한 눈빛으로 부모나 스승 또는 친구와 이웃들을 대하는 것을 눈의 보시라 한다. 이렇게 눈 보시를 하는 사람은 죽은 후 내세에 태어나더라도 청정한 눈을 얻게 되고, 또 미래에 하늘 눈, 곧 부처의 눈을 얻게 되는데 이것이 첫째 공덕이다.

둘째, 화안열색시(和顔悅色施)는 온화한 얼굴과 즐거운 얼굴빛을 보시하는 것이다. 부모나 스승 또는 친구와 이웃들에게 항상 자비롭고 미소 띤 얼굴로 대하는 것이다. 이런 사람은 내세에 태어나더라도 아름다운 얼굴로 태어나게 되며, 이것이 둘째 공덕이다.

셋째, 언사시(言辭施)는 말로 하는 보시이다. 부모나 스승 또는 친구와 이웃들에게 공손하고 아름다운 말을 쓰도록 하는 것이다. 이런 사람은 내세에 태어날 때 말을 잘하는 재주를 타고 태어나며, 그가 하는 말은 모든 사람들에게 신뢰를 얻게 된다. 또 미래세에 부처가 되어서는 뛰어난 변재를 얻게 된다. 이것이 셋째 공덕이다.

넷째, 신시(身施)는 몸으로 하는 보시다. 부모나 스승, 친구와 이웃들을 만나면 항상 친절하게 맞이하며, 힘들어하는 노약자의 무거운 짐을 들어

시주를 권선하는 대형 발우(미얀마 양곤)

준다거나 어려워하는 일을 함께 돕는 것이다. 이것을 몸의 보시라 한다.

이런 사람은 내세에 아름답고 건장하며 남의 공경을 받게 되는 몸으로 태어난다. 또 미래세에는 부처가 되어서 몸이 니그로다(Nygrodha) 나무와 같이 되어 그 정수리를 보는 이가 없을 것이니 이것이 넷째 공덕이다.

다섯째, 심시(心施)는 마음의 보시이다. 착하고 온화한 마음으로 부모나 스승 또는 친구와 이웃들에게 마음의 문을 열고 따뜻한 마음으로 정성껏 대하는 것이 마음의 보시이다. 이런 사람은 내세에 태어날 때 밝고 깨끗한 마음에 총명함을 지니게 되니 이것이 다섯째 공덕이다.

여섯째, 상좌시(床座施)는 앉을 수 있는 자리의 보시이다. 부모나 스승 또는 친구와 이웃들을 만나게 되면 반갑게 맞이하여 자리를 펴서 앉게 하거나 자기가 앉은 자리를 양보하는 것이다. 이렇게 하는 사람은 내세에 태어날 때 칠보로 된 귀중한 자리를 얻게 될 것이다. 또 미래세에 부처가 되어서는 사자좌의 법좌를 얻게 될 것이니, 이것이 여섯째 공덕이다.

일곱째, 방사시(房舍施)는 방이나 집의 보시이다. 부모나 스승 또는 친구와 이웃들이 병약하여 힘들고 피곤해 할 때 집이나 방을 제공하여 편안하게 쉴 수 있도록 하는 것이다. 이렇게 하는 사람은 내세에 태어나서는 궁전 같은 집을 얻게 된다. 또 미래세에 부처가 되어서는 온갖 선실과 같은 방을 얻게 될 것이니, 이것이 일곱 번째 공덕이다. 이 일곱 가지 보시는 구태여 재물을 쓰지 않아도 큰 과보를 얻게 되는 것이니라."

두 냥을 보시한 공덕

옛날 어떤 신령한 산에 큰스님과 스님들이 함께 모여서 수행을 하고 있었다. 그 명성을 들은 수많은 사람들이 큰스님과 수행자들에게 공양을 올리고자 산을 찾았다. 큰 부자인 어떤 장자도 그의 여러 권속들과 함께 복덕을 쌓고자 많은 양의 시주물을 가지고 공양을 올리러 그 산을 찾았다. 이러한 장자의 공양 소식을 들은 한 빈궁한 여자는 이렇게 생각했다.

'저들은 부자인 까닭에 많은 양의 공양물을 가지고 시주를 하러 가는구나. 나도 그들을 따라 그곳에 가서 걸식이나 해야겠다.'

여인은 장자와 권속들의 뒤를 따라서 신령한 산으로 향했다. 그리고 얼마 되지 않아서 공양 장소에 다다르게 되었다. 먼저 올라온 장자는 갖가지 음식과 공양물을 차려서 여러 큰스님과 수행자들에게 공양을 올리고 있었다. 이러한 공양 올리는 광경을 바라보던 여인은 가만히 생각해 보았다.

'저 장자는 전생에 복을 많이 지어서 오늘날 저렇게 부귀한데, 지금 또다시 복을 짓고 있으니 장차 더욱 훌륭하게 될 것이다. 하지만 나는 전생에 복을 짓지 못하여 금생에 이렇게 빈곤하게 살고 있는데, 만약 금생에도 복을 짓지 않는다면 다음 생애에는 더욱 빈곤하여 고생할 것이다.'

이렇게 생각하니 자신의 처지가 너무도 슬퍼 눈물을 흘리면서 또 생각했다.

'내가 공덕을 쌓기 위하여 저 수행자들에게 공양 올릴 것이 무엇이 있을까? 지금 내게는 일전에 구걸하여 얻은 돈 두 냥이 있다. 이 돈은 나의 전

재산으로, 몸이 아파 구걸하지 못하게 되는 날에 쓰려고 항상 아껴두었던 것이다. 지금 이 돈을 보시하자. 하루 이틀쯤 음식을 먹지 못하게 되더라도 굶어 죽지는 않을 것이다.'

그리하여 장자가 올리는 공양이 끝나는 것을 엿보던 그 여인은 여러 스님들 앞으로 나아가 두 냥을 보시했다. 그 당시 스님들 법에는 어떤 사람이 보시하면 스님들이 돌아가며 축원을 하게 되어 있었다. 그러나 그날은 덕이 높은 큰스님이 다른 스님들의 축원을 허락지 않고 자신이 직접 그녀를 위해 축원했다. 이러한 모습을 본 여러 스님들은 매우 못마땅한 마음에 이렇게 생각했다.

'저 거지 여자의 돈 두 냥을 받은 큰스님이 그를 가엾게 여겨 직접 축원하시는구나.'

축원을 마친 큰스님은 반으로 나누어 남겨두었던 자신의 밥을 그 여자에게 주어 공양하도록 했다. 그러자 공양에 참석했던 다른 사람들도 그 여자에게 공양물을 많이 나눠주었다. 그러자 여자는 "내가 보시하여 지금 그 과보로 복을 받게 되었구나" 하며 매우 기뻐했다.

그녀는 흐뭇한 마음으로 도로 산을 내려가다가 피곤함을 못 이겨 어떤 큰 나무 밑에 이르러 잠시 누워 쉬다가 이내 잠을 자게 되었다. 그 무렵 그 여인이 살고 있던 나라의 왕은 부인이 죽은 지가 오래되어서 가장 신뢰하는 신하에게 나라의 안팎을 다 뒤져서라도 왕비가 될 만한 복덕이 있는 여인을 찾아오라고 명령했다.

왕의 명을 받은 신하는 유명한 도인을 찾아가 자문을 구했다. 그러자 도인은 한참을 깊이 생각하고서는 신중하게 말했다.

"저 수행자들이 사는 신령한 산에서 내려오는 길 옆의 가장 큰 나무 아래에 복덕이 충만한 여인이 있을 것입니다."

그래서 신하는 그를 데리고 급히 그 나무 밑으로 가보았다. 역시 나무 아래에는 한 여인이 자고 있었는데 행색은 남루했으나 과연 얼굴빛과 상호(相好, 얼굴의 형상)가 복덕의 상이 있고 피부가 윤택했다. 또한 그녀가 쉬고 있는 커다란 나무는 자신의 가지를 스스로 구부려 그 여인 위에 그늘을 드리워서 빛이 이르지 않도록 배려했다.

도인은 말했다.

"이 여자의 관상은 가히 왕비가 될 만한 상호입니다."

신하는 그녀를 궁궐로 데려와 향탕수에 목욕시키고, 의복을 주어 입어보도록 하니 옷이 날개인지라 과연 천하를 아우를 만한 복덕의 성품이 묻어나는 듯했다. 신하가 그녀를 데리고 왕께 나아가자 왕은 그녀를 보고 매우 기뻐하며 왕비로 책봉하고 모두에게 그녀를 공경하고 존중하도록 선포했다. 이렇게 왕비가 된 여인은 얼마 후 가만히 생각해 보았다.

'내가 이런 부와 복의 인연을 얻게 된 것은 신령한 산에서 수행자들에게 그 돈을 보시했기 때문일 거야. 나는 얼마 되지 않는 돈 두 냥으로 너무도 크고 무거운 은혜를 입었구나.'

그래서 왕비는 왕에게 자신의 빈천했던 지난 생활을 고하고 그 은혜를 갚을 수 있도록 청했다. 왕은 기꺼이 은혜를 갚을 수 있도록 허락했다. 왕비는 많은 음식과 보물을 수레에 싣고 신령한 산으로 가서 스님과 수행자들에게 보시했다. 그러나 큰스님은 방에서 나와 보지도 않고 수행자들을 보내어 축원하도록 했다. 이것을 본 왕비는 이렇게 말했다.

"제가 옛날에 거지였던 시절에 두 냥의 돈을 보시했을 때는 손수 저를 위해 축원해 주시더니, 지금은 수레에 많은 보배를 싣고 왔는데도 왜 저를 위해 축원해 주시지 않습니까?"

이에 여러 스님들도 한결같이 이렇게 말했다.

"저 스님은 전에 가난한 여자가 얼마 되지 않는 돈 두 냥을 보시할 때는 그녀를 위해 축원하더니, 지금은 왕비가 수레에 보물을 싣고 왔어도 축원해 주지 않는구나. 늙어서 망령이 들었는가?"

그러자 덕 높은 스님이 왕비를 위해 법을 설했다.

"여인이여, 전에는 두 냥을 가지고도 축원하더니, 지금은 수레에 많은 보물을 가져왔어도 축원해 주지 않는다고 생각하여 서운하십니까? 불법에서는 보물을 귀하게 여기지 않고, 오직 보시하는 착한 마음만을 귀하게 여길 뿐입니다. 왕비가 전에 가난한 여인이었을 때에는 한낱 두 냥의 보시이지만 착한 마음으로 가득했는데, 지금은 많은 보물을 시주한다는 생각에 뽐내는 마음만이 가득하구려. 그래서 나는 지금 당신을 위해 축원하지 않는 것입니다. 또 스님들도 내게 불평하지 마시오. 당신들은 집을 떠나 이 신령한 산에서 수행하고자 하는 뜻을 깊이 새겨야 할 것이오."

덕 높은 스님의 설법을 들은 왕비와 스님들은 부끄러워하며 깊이 참회했고, 그 자리에서 크게 깨달아 모두 수다원의 도를 얻게 되었다.

· 두 번째 마당 ·

발우 공양 이야기

크신 은혜 넘치는 공양받으니 몸과 마음 안강하고 청정하여라.
바라건대 모든 중생 고해 벗어나 위없는 보리도를 이뤄지이다.
「공양게송」

발우 공양이란

발우 공양(鉢盂供養)이란 부처님 당시의 걸식(乞食) 의례를 계승하고 있는 불교의 전통적인 공양 의례로, 사찰에서 스님들이 행하는 규범과 법식에 따른 공양법을 말한다. 발우 공양은 단순히 밥을 먹는 행위가 아니라 수행의 한 과정으로 행하는 것이기 때문에 '법공양'이라고도 한다.

출가자의 '식(食)'이란, 범어로 '아하라(ahara)'에 해당하는 것으로 '끌어당겨 보존해 간다'는 의미를 지니고 있다. 승가(僧家)에서는 중생의 육신이나 성자의 법신을 각기 존재하는 상태로 양육하여 길이 유지해 나가는 것을 이른다. 따라서 출가한 승려는 단지 굶주림을 면하거나 맛을 즐기기 위해서가 아니라 진리를 닦기 위해 필요한 약(藥)으로 여겨서, 이를 통해 불법승 삼보(三寶)와 사중(四重, 국가·부모·스승·시주)의 은혜를 갚고, 삼도(三道, 지옥·아귀·축생)의 고통받는 중생을 구제하기 위해서 먹는다. 즉, 안으로는 부처님의 진리를 체득하고, 밖으로는 모든 중생을 구제하기 위해 먹는 것이다.

초기 승가의 식생활은 신도가 희사한 공양에 의지해 발우를 들고 거리로 나가 음식을 얻어 일정한 처소로 돌아가서 공양하는 방식이었다. 수행의 일부로 행하는 이것을 탁발(托鉢, pindapata)이라고 한다. 여기에는 네 가지 뜻이 있으니, 첫째는 많은 중생에게 복과 이익을 주기 위함이고〔福利群生〕, 둘째는 아만(我慢, 자기를 내세우고 남을 업신여기는 것)을 절복하기 위함이고〔折伏我慢〕, 셋째는 몸에 괴로움이 있음을 알게 하기 위함이고〔知身有苦〕, 넷째는 탐욕과 집착을 제거하기 위함이다〔除去貪着〕. 그리고 이 당시의 공양 시간은 정오 이전에 한 번 먹는 것을 원칙으로 삼았으며, 특별한 경우를 제외하고는 대중과 함께 공양했다. 또한 걸식하러 가기 전에 묽은 죽을 먹어도 좋다고 허락되었고, 병든 비구에게는 음식의 종류와 식사에 대한 규제가 엄격하지 않았다.

이렇게 본래 한 개의 발우를 가지고 하루 한 번씩 걸식수행을 하던 것이 시대가 변함에 따라 각 나라의 사정과 그 시대의 요청에 맞게 조금씩 변화하여 정착되었다. 현재 북방불교권에서는 매 끼니를 거리에서 탁발하지 않고 곡물, 야채 등을 탁발하거나 시주금으로 음식 재료를 사와서 사찰에서 직접 음식을 만들어 먹되, 대중방에서 전 대중이 둘러앉아 일정한 법식에 따라 공양하는 것을 위주로 한다.

이처럼 발우 공양은 오랜 세월 동안 방법과 형태에 있어서 많은 변화를 거쳐 오늘에 이르게 되었지만, 본질적 정신은 아직까지 조금도 변하지 않고 있다.

그 본질적 정신이란 바로 모든 사람이 같은 음식을 똑같이 나누어 먹고 공동체의 단결과 화합을 고양시키는 '평등', 철저히 위생적이고 조금도 낭비가 없는 '청결', 말소리를 비롯하여 그릇을 달그락거리는 소리와 먹는 소리 등 일체의 소리를 내지 않는 수행의 마음을 지니는 '고요(정숙)'의 정신이 그것이다.

그러므로 공양을 할 때에는 음식에 담겨 있는 수많은 사람들의 노고와 시주의 은덕에 감사하는 마음을 지녀야 하며, 음식에 대한 차별심을 없애고 절제하여, 소유하고자 하는 집착의 마음에서 벗어나 몸을 지탱해서 법답게 수행하기 위해서 먹어야 한다. 그리고 살을 찌우고 신수를 훤하게 하려고 이런 저런 음식을 분별해 먹거나 맛을 탐해 필요 이상으로 많이 먹어서도 안 되며, 항상 감사하고 겸허한 마음으로 공양에 임하는 것이 바람직하다.

식당작법

　발우 공양은 발우와 공양에 담긴 깊은 뜻을 음미하고 실천할 수 있도록 돕는 몇 가지 규칙에 따라 진행되는데, 이렇게 발우 공양을 할 때 따르는 규칙 혹은 발우 공양법을 흔히 식당작법(食堂作法)이라고 한다. 이 식당작법을 살펴보면, 밥을 먹는다는 단순한 행위 그 자체에 평등, 절약, 감사, 발원, 자비 등 불교의 수행정신이 모두 깃들어 있음을 발견하게 된다.

　본격적인 공양 의식의 소개에 앞서 발우 공양의 기본적인 내용들을 먼저 살펴보기로 하자.

　본래 『율장(律藏)』에는 정오가 지나기 전에 한 번 공양하는 것이 원칙으로 되어 있지만, 부처님 당시에도 허약한 비구를 위해 아침에 묽은 죽을 먹는 것이 허용되었다. 현재 우리나라 승가에서는 시대와 환경에 따라 변화되어 삼시 세 때로 나누어 먹는다.

　공양할 때는 자기의 위치와 차례를 꼭 지키며 게송(偈頌) 이외에는 말을 하지 않고 마음을 고요히 하며, 움직임이 없는 동안에는 항상 단정한 반가

부좌로 앉는다. 또한 고개는 반듯하게 들며, 수저 소리나 음식 먹는 소리를 내지 않는다. 그리고 한 번 받은 음식은 남기지 않는다.

식당작법에서 암송하게 되는 『소심경(小心經)』은 탁발과 지족의 정신과 수행의 원력을 상기하여, 수행을 게으르게 하거나 음식에 욕심내지 않도록 한다는 내용으로, 부처님의 생애를 생각하면서 그 위대한 사상과 공덕을 찬탄하고, 공양이 내 앞에 오기까지 공양물에 깃든 모든 이들의 노고와 은혜에 감사하며, 자신의 수행을 돌아보며 반성하고, 공양을 받은 인연으로 탐내고 화내고 어리석은 마음을 끊어 마침내 불도를 이루어 모든 중생들에게 회향하겠다는 각오를 다지는 의미를 포함하고 있다.

사진으로 보는 식당작법

현재 우리나라 사찰에서 행하는 식당작법의 예를 사진 및 게송과 함께 살펴보고자 한다. 다소 긴 내용이지만 식당작법의 규칙이나 의미를 이해하는 데 도움이 될 것으로 믿는다.

발우의 명칭 및 도구

1. **발우** 어시발우(밥 발우), 1분자(국 발우), 2분자(반찬 발우), 3분자(청수 발우)

2. **발건(발우수건)** 발우를 닦고 덮는 수건

3. **발랑(발우보)** 발우를 묶는 보자기

4. **슬건(무릎수건)** 무릎에 펴놓는 수건

5. **발단(밥상)** 발우를 펼 때에 바닥에 까는 것

6. **수젓집** 수저를 넣는 주머니

7. **생반대** 헌식용 작은 숟가락

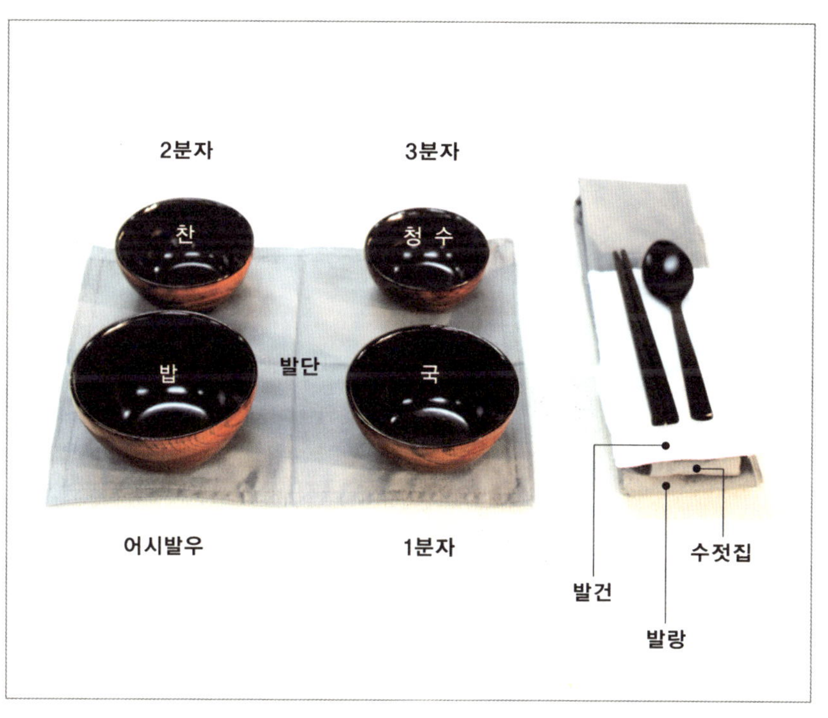

하발(下鉢)과 불은상기게(佛恩想起偈)

스님들이 사용하는 발우는 평소에는 큰 방의 선반에 올려놓게 되는데, 이 선반에 발우를 올리는 것을 상발, 내리는 것을 하발이라고 한다. 발우는 반드시 양손으로 받들어 들고 내리도록 하며, 자신의 발우를 선반에서 내렸으면 공양방의 정해진 자리에 앉아서 발우를 자신이 앉은 자리에서 한 뼘쯤 앞에 가지런히 놓고 합장 저두(低頭)한 뒤에 단정한 반가부좌 자세로 앉아 공양 의식의 차례를 기다린다.

대중이 큰방에 모두 정좌하면 인솔자의 죽비 소리에 맞추어서 대중은 합장하고 '불은상기게'를 송한다. 이는 부처님의 일생을 생각하며 그 크신 은혜를 기리는 게송이다.

佛生迦毘羅(불생가비라)

成道摩竭陀(성도마갈타)

說法婆羅奈(설법바라나)

入滅拘尸羅(입멸구시라)

부처님께서는 가비라에서 탄생하셨고

마갈타에서 성도하셨으며

바라나에서 설법하시고

구시나가라에서 열반에 드셨네

전발(展鉢)

불은상기게를 마친 후 죽비를 한 번 치면 계속 합장하고 전발게를 송한다.

如來應量器(여래응량기)

我今得敷展(아금득부전)

願共一切衆(원공일체중)

等三輪空寂(등삼륜공적)

부처님께서 사용하신 발우를

저희도 이제 받아 펴니

원하옵건대 모든 중생들도

다 같이 삼륜이 청정하여지이다

전발게가 끝나고 죽비를 세 번 치면 합장 저두하고 다음과 같은 순서로 발우를 펴기 시작한다.

1. 발우를 덮은 발우수건을 펴서 반으로 접고, 접은 수건을 옆으로 돌려 3등분 되게 다시 접은 뒤에, 오른쪽 무릎 앞으로 한 뼘 반의 지점에 놓는다.

2. 발우보를 풀어서 양쪽 끝을 반으로 당겨서 자신의 방향으로 접는다.

3. 수젓집을 발우수건 위에 올려놓는다.

4. 발우를 두 손으로 들어서 발우보의 조금 앞으로 밀어놓는다.

5. 발단을 왼쪽 옆으로 잠시 옆에 둔다.

6. 발우보의 양쪽 끝을 두 번씩 접은 뒤 다시 가운데를 접어서 오른쪽 무릎의 바로 앞에

놓는다. 이때 접히는 부분이 전면을 향하게 놓는다.

7. 발단을 오른손으로 펴서 바닥에 반듯하게 펴지도록 하여 발우를 들어 발단의 왼쪽 앞
   에 놓는다.

8. 두 엄지손가락을 3분자의 양 안쪽에 대고 소리가 나지 않도록 발우를 당겨서 꺼내어
   1분자 바로 앞쪽에 놓고, 2분자를 꺼내어 어시발우의 앞에 놓으며, 1분자를 꺼내어 어
   시발우의 오른쪽에 놓는다.

9. 수젓집에서 젓가락을 꺼내어 3분자 안에 놓되 소리가 나지 않도록 한다.

10. 숟가락을 꺼내어 같은 요령으로 앞쪽으로 젓가락 옆에 놓는다.

11. 수젓집은 발우보 위에 놓는다.

12. 발우수건을 접어서 수젓집 위에 겹쳐놓는다.

이상과 같이 하여 발우를 다 펴고 죽비를 한 번 치면 대중은 합장하고 정중하게 마음을 가다듬어 아래와 같이 십념게(十念偈)를 송한다. 십념게는 불법승 삼보에 귀의하고 공덕을 찬탄하는 게송이다.

清淨法身 毘盧遮那佛(청정법신 비로자나불)

圓滿報身 盧舍那佛(원만보신 노사나불)

千百億化身 釋迦牟尼佛(천백억화신 석가모니불)

九品導師 阿彌陀佛(구품도사 아미타불)

當來下生 彌勒尊佛(당래하생 미륵존불)

十方三世 一切諸佛(시방삼세 일체제불)

十方三世 一切尊法(시방삼세 일체존법)

大智 文殊舍利菩薩(대지 문수사리보살)

大行 普賢普薩(대행 보현보살)

大悲 觀世音菩薩(대비 관세음보살)

大願本尊 地藏菩薩(대원본존 지장보살)

諸尊菩薩 摩訶薩(제존보살 마하살)

진지(進旨)

공양을 하기 위하여 배식하는 것을 진지라 한다. 죽비를 한 번 치면 청수 물을 비롯한 공양과 국, 반찬 등을 윗자리부터 돌린다. 청수 물은 어시발우를 두 손으로 받쳐서 받으며, 그만 받고자 할 때에는 발우를 좌우로 살짝 흔들어 충분하다는 의사표시를 한다.

어시발우에 받은 물은 1분자부터 2분자에 차례로 옮겨 발우를 헹구면서 공양받기 전에 발우를 청결히 한다. 마지막에는 수저가 담긴 3분자에 그대로 부어놓는다.

진지는 다음과 같이 한다.

1. 먼저 찬상을 돌리되, 윗자리부터 돌린다. 찬상이 앞에 오면 반찬을 먹을 만큼만 덜어서 2분자에 담는다.

2. 공양을 배식하는 사람은 공양을 나누기 위하여 자리를 옮기고 이동하기 위하여 앉고 일어설 때는 합장 저두한다.

3. 청수와 공양, 국 등을 배식하는 사람은 공양받을 사람들의 사이에 자리하여 한 차례에 좌우 두 사람을 배식할 수 있도록 한다.

4. 공양을 진지하는 사람은 어시발우를 두 손으로 받아서 발우에 남겨져 있는 청수 물로 주걱을 적셔 밥을 담는다.

5. 공양을 받는 사람은 배식하는 사람에게 발우를 내어주고 배식하는 사람이 밥을 담는 동안 합장하고 있다가 발우를 받으면 두 손으로 공손히 받아서 이마 높이까지 올려

정대하고 발단의 제자리에 놓는다.

6. 국을 푸는 사람은 국자를 엎어 국을 살짝 돌려 저어서 내용물을 고루 섞어서 뜬다.

7. 국을 푸는 사람이 국통에서 국자로 국을 퍼서 들면, 국을 받는 사람은 오른손으로 1분 자를 들어 국자 밑에 대어 국을 받는다. 국자의 국을 다 부우면 국 받는 사람은 발우를 국통의 옆으로 비켰다가 다시 국을 퍼서 국자를 올리면 위와 같은 요령으로 발우를 다시 대어 받는다. 그만 받고자 할 때에는 청수 물을 받을 때와 같이 발우를 살짝 흔들어서 공급 중단의 신호를 한다.

가반(加飯)과 감반(減飯)

공양을 공급받음에 있어서, 국과 반찬은 먹는 사람의 의지에 의하여 적당량을 받을 수 있지만 밥은 배식하는 사람이 자기의 기준에 맞추어 펐기 때문에 많거나 적을 수가 있다. 일단 받은 음식은 다 먹어야 하기 때문에 먹기 전에 밥을 덜든지 더 받든지 하여야 하는데 더 받는 것을 가반, 더는 것을 감반이라고 한다.

공양 배식을 한 사람은 가감을 위하여 다시 밥통을 들고 윗자리부터 차례로 대중 앞을 지나간다. 가감이 필요치 않는 사람은 앉은 채로 합장하면 되고, 가감이 필요한 사람은 밥통의 주걱을 자기가 직접 들고 밥을 더하거나 덜어서 먹을 만큼만 양을 조정한다.

봉발게(奉鉢偈)

죽비를 한 번 치면 공양이 든 어시발우를 두 손으로 잡고 이마 높이로 든다. 발우를 잡을 때에는 두 손의 엄지를 펴고 다른 손가락들은 그대로 모아서 벌어지지 않게 하고 발우의 양쪽 면을 부축하여 그대로 들어 눈썹 위까지 올린다. 올리면서 다음과 같은 봉발게를 송한다.

若受食時(약수식시)
當願衆生(당원중생)
禪悅爲食(선열위식)

法喜充滿(법희충만)

이 공양을 받을 때

모든 중생들이 다 같이

선열의 음식으로

법의 기쁨 가득하여지이다

오관상념게(五觀想念偈)

봉발게를 외운 후 발우를 내려놓고, 죽비를 한 번 치면 대중은 합장하고
경건한 마음으로 다음의 오관상념게를 송한다.

計功多少量彼來處(계공다소양피래처)

忖己德行全缺應供(촌기덕행전결응공)

防心離過貪等爲宗(방심이과탐등위종)

正思良藥爲療形枯(정사양약위료형고)

爲成道業應受此食(위성도업응수차식)

내 공덕의 많고 적음을 헤아리고 이 음식의 유래를 헤아리니

내 덕행으로 받기가 부끄럽네

마음을 단속하여 허물과 탐욕 등에서 벗어남을 으뜸으로 여겨

몸의 부실함을 다스리는 약으로 바로 여겨

도업을 이루고자 이 공양을 먹습니다

헌식(獻食)

자신이 먹을 음식의 일부를 덜어서, 온갖 귀신과 중생에게 내어주는 의식을 헌식이라고 한다. 생반대로 밥을 세 알 내지 일곱 알 정도를 떠서 왼손바닥 위에 놓고 감로인을 하고 생반게를 송한다.

汝等鬼神衆(여등귀신중)

我今施汝供(아금시여공)

此食遍十方(차식변시방)

一切鬼神供(일체귀신공)

귀신의 무리들이여

내가 이제 그대들에게 공양하노니

이 음식이 시방세계에 두루 하여

모든 중생들이 함께 공양하여지이다

헌식은 먹고 남는 것으로 하는 것이 아니라, 공양 전에 자신이 먹을 것
가운데 일부를 덜어서 나누는 것이다. 게송을 송하고 난 뒤에는 죽비를 치
지 않고 윗자리부터 헌식 그릇을 아래로 돌려 헌식을 마친다.

헌식을 마치고 죽비를 세 번 치면 합장 저두한 다음 공양을 시작한다. 사찰에서는 공양을 하면서 지켜야 할 규칙과 예절에 대해서도 꼼꼼히 정해 놓고 있는데, 다음과 같은 몇 가지의 기본적인 규칙과 예절을 알고 있으면 충분하다.

1. 음식은 떠서 한 입에 먹는다.

2. 밥에 있는 뉘는 까서 먹는다.

3. 어시발우에 비벼먹지 않는다.

4. 이리저리 돌아보지 않는다.

5. 허리는 곧게 펴고 발우를 들어서 먹는다.

공양의 마지막에는 김치 한 쪽을 남겨둔다. 이것은 나중에 숭늉으로 발우를 씻을 때 필요하다. 공양이 거의 끝나 가면 죽비를 두 번 치고 대중은 숭늉을 나눈다. 숭늉은 어시발우에 받는데, 청수 물을 받을 때처럼 자신이 필요한 양만큼 받으면 발우를 좌우로 흔들어 그만 따르라는 신호를 보낸다. 어시발우에 숭늉을 받았으면, 젓가락으로 공양 시에 남겨둔 김치 쪽으로 어시발우, 1분자, 2분자, 숟가락, 젓가락을 차례로 헹군다. 발우를 헹구면서 생겨난 찌꺼기와 김치 쪽은 숭늉 물과 함께 마신다. 죽비를 한 번 치면 찬상을 내가고 청수동이를 들여온다.

발우 씻기〔洗鉢〕

찬상을 내가고 나서 3분자에 담겨져 있던 청수 물을 어시발우에 옮겨서 손을 이용하여 발우를 차례로 다시 한 번 깨끗이 씻도록 한다. 수저는 1분자에서 씻어서 3분자에 놓아둔다. 발우수건으로 발우에 물기가 남지 않도록 차례대로 깨끗하게 물기를 닦는다.

퇴수 물 걷음〔折鉢水〕

퇴수 물 걷는 동이가 자기 앞으로 오면 발우를 설거지한 물을 동이에 붓는다. 설거지 물을 부을 때에는 물 버리는 소리가 나지 않도록 수면에 가깝도록 하여 살며시 붓는다. 그리고 음식 찌꺼기를 퇴수기에 부어서는 안 되므로 음식 찌꺼기가 있는 물은 남겨서 자신이 먹도록 한다. 퇴수 물을 걷을 때에는 청수 물을 배급할 때와는 달리 맨 아랫자리부터 윗자리로 거슬러 올라간다. 이때 웃어른은 퇴수 물의 맑은 상태를 점검한다. 이때 걷어온 퇴수 물이 처음의 청수 물과 같이 맑아야 한다.

발우를 씻은 물은 굶주린 아귀들이 받아 마시고 허기를 채우는데, 아귀는 식도가 좁아서 음식 찌꺼기가 조금이라도 있으면 목구멍에 걸려 먹지를 못한다고 한다. 또한 공양 중에 나는 요란한 소리를 듣게 되는 아귀들은 굶주림에 큰 고통을 느낀다고 한다. 그래서 공양은 꼭 정숙하게 이뤄져야 한다. 이어서 죽비를 한 번 치면 다음과 같은 절수상념게(折水想念偈)를 송한다.

我此洗鉢水(아차세발수)

如天甘露味(여천감로미)

施與餓鬼衆(시여아귀중)

皆令得飽滿(개령득포만)

나의 이 발우 씻은 물은

하늘의 감로수와 같은 맛이로다

내가 이제 아귀들에게 베푸노니

모두가 포만하여지이다

옴 마휴라세 사바하(3회 반복)

공양을 마치고 발우를 닦은 후 발우를 거두어들일 때에는 먼저 숟가락부터 닦아서 숟가락 입 부분을 밑으로 가도록 하여 수젓집에 넣고 다음에 젓가락을 넣은 다음 수젓집을 접어 오른쪽 무릎 한 뼘 앞에 놓는다.

수저를 닦은 다음에는 어시발우부터 닦아서 3분자까지 차례로 포갠다. 다음에 발우 전체를 왼손으로 들고 오른손으로 발우 밑에 깔려 있던 발단을 가로로 반을 접고, 세로로 오른쪽 왼쪽 순으로 3분의 1씩 접는다. 다음에 발우를 그 위에 올려 발단과 발우를 함께 앞으로 밀어놓고 발우보를 앞으로 펼친다. 이때 발우보의 양 끝은 자신을 향하게 한다. 발단과 발우를 함께 두 손으로 들어 발우보의 중앙에 올린다. 보의 중심에 발단을 놓은 다음 발우를 놓고, 뚜껑을 덮고, 그 위에 수젓집을 놓고 발우보를 묶는다.
보를 묶을 때에는 묶은 끈의 끝이 수저와 같이 세로가 되도록 묶는다. 다
묶었으면 발우수건을 펴서 앞이 가지런하도록 발우를 덮어서 발우를 자신
의 앞으로 내어놓는다.

식필상념게(食畢想念偈)

죽비를 한 번 치면 합장하고 다음의 식필상념게를 송한다.

飯食已訖色力充(반사이흘색력충)

威振十方三世雄(위진시방삼세웅)

回因轉果不在念(회인전과부재념)

一切衆生獲神通(일체중생획신통)

공양을 마치니 기운이 솟는구나

위엄은 시방삼세 떨치는 영웅이로다

인연공덕 돌리어 마음에 두지 않나니

모든 중생들이 신통을 얻어지이다

죽비를 세 번 치면 합장 저두하고 발우를 들고 일어나 발우 내릴 때와 같은 요령으로 질서정연하게 발우를 선반 위에 올려놓는다.

기쁜 공양 맑은 발우
_탁발과 보시 이야기

네 가지 종류의 보시공덕

옛날 부처님이 사위국의 기원정사에 계시면서 대중들을 위해 설법을 하실 때였다. 그 당시 한 바라문의 장자가 있었는데 이름이 '남달'이었다. 그는 큰 부자로 이루 헤아릴 수 없이 많은 재산을 가지고 있었다. 그는 '바라문의 법에 따라 큰 시주가 되어 이름을 드날려야겠다'고 생각하고 무차법회를 열어서 오천 명의 바라문을 정성껏 공양했다. 또한 오 년 동안 의복과 약, 값진 보물들을 아끼지 않고 공급했다. 이를 시주받은 바라문들은 남달 장자를 위해 여러 신과 별, 물, 불 등에게 제사를 지내며 '언제든지 남달 장자에게 복을 내리소서' 하는 축원을 올렸다.

어느덧 오 년이 지나 무차법회 마지막 날이 되었다. 이날 남달 장자는 더욱 성대하게 법회를 열었다. 코끼리 수레와 남녀 종들과 온갖 살림살이와 칠보로 된 옷과 비단 일산(日傘)과 가죽신과 사슴가죽으로 만든 옷, 지팡이, 걸상, 물통, 물주전자, 평상, 요, 자리 등 필요한 물건 모두를 보시했다. 물건의 가짓수로는 무려 팔만사천여 종이나 되었다. 또한 이날은 특별한 법회라 하여 국왕도 초대했고, 대신, 바라문, 장자들이 다 모여서 한바탕 부산하게 떠들어대며 즐거워했다. 부처님은 이런 광경을 보시고 탄식하면서 말씀하셨다.

"저 장자 바라문은 왜 저리도 어리석은가. 보시는 저처럼 많으나 그에 대한 복은 적구나. 마치 불 속에 씨앗을 심는 것 같으니, 어떻게 좋은 과보를 받을 수 있겠는가. 만일 내가 교화하지 않으면 그는 영원히 진리와는 멀어질 것이다."

이리하여 부처님은 곧 일어나 옷을 장엄하시고, 신통으로 큰 광명을 놓아 법회를 하는 대중들을 향하여 법신을 나투셨다. 이를 본 대중들은 전에 없던 일이라 두려움에 떨면서도 예의를 갖추고 공경하는 마음으로 부처님께 예배를 드렸다. 부처님은 그래도 그들에게 선근공덕이 있음을 보시고는 다음과 같은 게송을 읊으셨다.

"한 달에 천 번씩 제사를 드려 죽을 때까지 그치지 않는다 하여도, 잠깐 동안이나마 한마음으로 바른 법을 생각하는 것만 못하나니, 한 생각 사이 짓는 그 복은 죽을 때까지 제사 지내는 것보다 나을 것이다. 비록 백 년 동안 불의 신을 받들어 섬기더라도 잠깐 동안이나마 부처님과 법과 스님을 공양하는 것만 못하나니, 한 번 삼보에게 짓는 공양으로 얻게 된 그 복은 백 년 동안 불의 신을 받드는 것보다 나을 것이다."

이 게송이 끝나자 부처님은 남달에게 말씀하셨다.

"보시에는 네 가지 종류가 있다. 첫째는 보시하는 것은 많은데 복의 과보가 적은 것이다. 보시하는 것은 많은데 그 복의 과보가 적은 보시는 어떤 것인가. 그것은 어리석고 미련한 사람들의 보시이다. 생물을 죽여 제사 지내며, 술을 마시고 노래하며 춤추는 그런 보시이다. 이는 재물만 허비할 뿐 복된 지혜의 보시가 아니다.

둘째는 보시하는 것은 적은데 복의 과보가 많은 것이니, 보시하는 것은 적은데 복의 과보가 많은 보시는 어떤 것인가. 이는 인자한 마음으로 수행자를 받들고, 그 수행자도 그 보시를 받아 부지런히 공부한다면, 비록 보시는 적으나 복을 받는 과보는 더욱 많게 된다.

셋째는 보시하는 것도 많고 복의 과보도 많은 것이니, 보시하는 것도 많고 복을 받는 과보도 많은 보시는 어떤 것인가. 만일 어떤 현명한 사람이 세상이 덧없음을 깨닫고 기쁜 마음으로 재물을 보시하여 탑과 절을 불사하거나 부처님께 공경하는 마음으로 공양을 올리면 그 복의 흐름도 세세생생 끊어지지 않나니, 이것이 이른바 보시도 많고 그 복도 많다는 것이다.

넷째는 보시하는 것도 적고 복의 과보도 적은 것이니, 보시하는 것도 적고 그 복의 과보도 적은 보시는 어떤 것인가. 이는 인색하고 이기적인 욕심으로 삿된 이에게 보시하는 것이다. 이는 둘 다 어리석기 때문이다. 보시는 비유하자면 마치 농사짓는 땅이 기름지거나 메마른 것에 따라 수확이 같지 않음과 같으니라."

이 말씀이 끝나자 남달 장자와 자리에 모인 대중들은 크게 기뻐하였으며 그들은 모두 부처님의 제자가 되거나 신도가 되어 깨달음을 얻었다.

적당한 양의 공양

부처님의 가르침을 따라 수행하는 사람들이 늘어나고 출가한 스님들의 수행이 깊어가는 것에 불안해진 마구니 무리들은, 먹을 것이 없으면 승단(僧團)이 힘을 잃을 것이라고 생각해서 마을 사람들을 꼬드겨 탁발 나온 스님들께 아무것도 공양하지 못하게 했다. 그런데 마구니들이 생각한 것과는 반대의 현상이 일어났다. 승단이 힘을 잃기는커녕 오히려 수행이 깊어가고 승단은 더욱 융성해졌다. 고민 끝에 마구니들은 이번에는 수행자들을 극진히 대접하고 공양물을 넘치게 펑펑 퍼주도록 마을 사람들에게 시켰다. 그러자 그들의 바람대로 물질적인 풍요로움에 빠진 수행자들은 게으르거나 탐욕스러운 모습으로 타락하기 시작했다.

유마거사의 탁발과 공(空), 그리고 사랑

어느 날 탁발을 나가게 된 가섭 존자는 현재의 가난한 사람들은 과거에 복을 짓지 않았기 때문이라고 생각하고 그들로 하여금 복을 짓게 하기 위해 가난한 집만 찾아다니면서 걸식을 했다. 한편 수보리 존자는 가난한 사람들은 남에게 베풀어주고 싶어도 줄 것이 없으니, 그러한 집에 가서 걸식을 하면 그들에게 복을 지을 기회보다도 오히려 주지 못하는 고민과 서러움을 줄 것이니, 차라리 부자들의 마을에 가서 걸식을 하면 그들은 무엇이

공양 배식을 위하여 준비하는 미얀마의 스님들

든 풍부하여 여유가 있으므로 부담과 고민이 없을 것이라고 생각하여 부유한 집만 찾아다니면서 걸식을 했다. 이러한 사연을 들은 유마 거사가 말했다.

"만일 음식에 있어서 평등한 자는 모든 법에서도 평등해야 하고, 모든 법에서 평등한 자는 음식에 있어서도 평등한 것입니다. 그러니 가난한 집과 부유한 집을 가리지 말고 평등하게 해야 하며, 밥을 비는 것은 일곱 집을 넘지 말아야 합니다."

그러던 어느 날 유마 거사가 병이 들었다. 그래서 부처님은 문수 보살을 비롯한 여러 제자들에게 유마 거사한테 문병을 가도록 했다.

유마 거사는 문수 보살이 문병 온다는 말을 듣고 방 안의 것들을 깨끗하게 다 치우고 오직 상 하나만 남겨두었다. 모든 것을 다 비움으로써 공(空) 사상을 나타내려고 한 까닭이었다. 문수 보살이 유마 거사를 방문하여 병세를 묻자 유마 거사는 다음과 같이 말했다.

"나의 병은 중생들의 미혹에 대한 안타까움 때문에 생겼습니다. 일체 중생이 병들었기 때문에 나도 병이 들고 말았습니다. 그러므로 일체 중생들의 병이 낫게 되면 나의 병도 낫게 될 것입니다. 이를 비유하면, 어떤 장자에게 오직 아들 하나가 있는데 그 아들이 병을 얻으니 그의 부모도 함께 병이 생긴 것과 같습니다. 그러니 아들의 병이 나으면 부모의 병도 나을 것이기에, 보살도 이와 같아서 모든 중생들을 아들과 같이 사랑하는 것입니다. 그러니 중생이 병들면 보살도 병들게 되고 중생의 병이 나으면 보살의 병도 낫게 될 것입니다."

가섭 삼형제의 귀의와 항용발

발우(鉢盂)를 항용발(降龍鉢)이라고도 하는데 이는 부처님께서 가섭 형제가 섬기던 독룡(毒龍)을 조복시킨 일화로부터 비롯된 것이다. 부처님께서 어느 날 모든 비구들에게 말씀하셨다.

"비구들아, 나는 하늘과 인간의 모든 그물에서 벗어났다. 비구들아, 그대들도 천신과 인긴의 모든 그물에서 벗어났디. 비구들아, 길을 떠나라. 여러 사람들의 이익과 안락을 위하여, 세상을 동정하여, 인간과 천신의 이

부처님께서 화사외도인 가섭 삼형제를 귀의하게 하고, 그들이 섬기고 신앙하던 용을 발우에 넣어 조복하고 방생한 연유로 부처님의 밥그릇을 항용발이라 부르게 되었다.

익과 안락을 위하여 길을 떠나라. 두 사람이 한 길을 가지 마라. 비구들아, 처음도 좋고 중간도 좋고 끝도 좋은, 의미와 문장을 갖춘 법을 설하라. 아주 원만하고 청정한 행을 드러내 보여라. 세상에는 마음의 먼지와 때가 적은 자도 있다. 그들이 법을 듣지 못한다면 쇠퇴할 것이지만, 법을 듣는다면 잘 알게 되리라. 비구들아, 나도 법을 설하기 위해 우루벨라의 세나니마을로 가야겠다."

부처님께서는 이렇게 말씀하시고서 길을 떠나셨다.

마갈제국에는 세 가섭 형제가 살고 있었는데, 첫째를 우루벨라 가섭, 둘째를 나디이 가섭, 셋째를 가야 가섭이라 불렀다. 그들은 모두 머리를 매고 불을 섬기며 고행을 했기에 결발행자, 나발범지라 불렸는데, 제일 큰형 우루벨라 가섭은 오백 명의 제자를 거느리고 있었고, 둘째는 삼백 명, 셋째는 이백 명을 각각 거느려 모두 천의 대단원을 이루고 있었다.

부처님께서 날이 저물어 그곳에 이르게 되자, 하룻밤 묵어가게 해달라고 우루벨라 가섭에게 청했다. 가섭이 대답했다.

"깨끗한 석실이 있는데 그곳에서 묵으실 수 있습니다. 그런데 그곳에는 무서운 독룡이 있어 뜨거운 화염을 내뿜는 바람에 매년 인신공양을 드리곤 했습니다. 또한 성질이 매우 포악해 당신을 해칠까 두렵습니다."

부처님께서 말씀하셨다.

"묵을 수 있도록 해주기만 한다면 독룡의 포악함은 개의치 않겠습니다."

가섭이 대답했다.

"그렇다면 뜻대로 하십시오."

부처님께서는 가섭의 안내로 그 석실에 이르러 단정히 가부좌를 틀고 앉아 본각의 대지에 그대로 안주하는 무심삼매(無心三昧)에 드셨다. 그때 독룡이 입으로 무서운 화염을 내뿜으며 달려들었다. 부처님께서는 다시 자기 몸을 불덩이로 변하게 하는 화강삼매(火光三昧)에 드셨다. 독룡은 금방 세존을 삼킬 듯 달려들었으나 오히려 자신을 향해 달려드는 화염의 뜨거운 열 때문에 어찌 할 바를 모르고 벌벌 떨었다. 부처님께서 조용히 타이르며 말씀하셨다.

"어리석은 화룡아, 너는 전생에도 많은 죄를 지어 그 과보로 용의 몸을 받았거늘 그것을 뉘우치기는커녕 인신공양까지 받아 더욱 많은 죄를 짓고 있으니, 다음 세상에서 그 업보를 어찌 감당할 것이냐. 너의 하는 바로 보아서는 죽어 마땅하나, 이 또한 지중한 인연이 있어 나와 만나게 되었으니, 어서 마음을 돌려 그 몸을 변신시켜 내 발우 속으로 들어가거라."

그러면서 부처님께서는 발우가 놓여 있는 곳을 가리켰다. 그러자 독룡은 조그마한 실뱀으로 변하여 발우 속으로 들어갔다.

다음 날 아침, 부처님께서 독룡을 만나 죽임을 당했으리라 생각한 가섭의 무리들이 이를 살피러 오자 부처님께서 말씀하셨다.

"이 굴 속에는 독룡이 살고 또 불을 모셔 뜨겁다더니 어찌하여 이렇게 서늘한가?"

부처님이 죽은 줄만 알고 들어왔던 가섭은 뜻밖의 질문에 깜짝 놀라 이렇게 물었다.

"독룡은 어디 있습니까?"

그러자 부처님께서 대답하셨다.

"저기 발우 속에 있다. 그놈의 하는 짓으로 보아서는 용서하기 어려우나 붓다는 생명을 죽이는 일이 없으니 강에 가져가 방생하라."

이 일로 비록 놀라기는 했으나, 워낙 오랫동안 많은 사람들의 존경을 받아온 가섭인지라 그렇게 쉽게 부처님께 귀의하지는 않았다. 이에 가섭이 말했다.

"위대한 사문은 큰 위신력이 있습니다. 가지 마시고 이 도량에 계시면서 우리를 위해 미묘한 법문을 일러주십시오."

그래서 부처님께서는 그곳 한가한 숲 사이에 자리를 정하게 되었다. 그런데 그들은 매일같이 훌륭한 공양을 보내와 부처님께 대접은 했으나 쉽게 귀의할 생각은 없었다. 그러던 중 가섭은 대공양회를 며칠 앞두고 이런 생각을 했다.

'내가 개최하는 이 공양회에는 다른 나라에서 온 많은 대신들이 훌륭한 공양구를 가지고 와서 대접할 것인데, 그때에도 저렇게 신통을 부리면 나의 처지가 어떻게 될 것인가?'

부처님께서는 이렇게 고민하는 가섭의 마음을 미리 아시고 공양일이 가까워지자 그곳을 떠나 북방 지역에 나아가 탁발을 하여 드시고, 하루 동안 휴식하신 후에 다시 우루벨라 가섭의 집으로 돌아오셨다. 공양회를 무사히 마친 가섭은 퍽 다행스럽게 생각하면서도 짐짓 궁금한 척 물었다.

"붓다님, 어제는 훌륭한 공양회가 있었는데 어찌하여 참석하지 아니하셨습니까? 퍽 서운했습니다."

그러자 부처님께서 말씀하셨다.

"가섭이여, 그대는 '붓다가 이 공양회에 참석하면 내 처지는 초라하여 망할 것이리라' 이렇게 생각하지 않았는가? 그런 자리에 내가 어찌 참석하겠는가. 허기 들린 사람이 아니라면 말일세."

매우 당황한 가섭은, 자기 속마음까지 훤히 알고 있는 대성자를 성자로 대접하지 않은 채 제 명예, 지위, 욕심만을 위해서 망설이는 자신이 비굴하게 느껴지기까지 했다. 그때 부처님께서 다시 말씀하셨다.

"가섭이여, 너는 아직 성자가 아니다. 아니, 성자가 되는 길도 확실히 잘 모르고 있다. 교만을 버리고 참회하라."

이에 가섭은 참회의 눈물을 흘리며 말했다.

"거룩하신 세존이시여, 용서하옵소서. 이제부터는 세존께 귀의하고 세존께서 깨달은 진리에 귀의하고 세존을 따르는 모든 승가님께 귀의하겠습니다."

이리하여 가섭은 부처님의 제자가 되었으며, 그의 오백 명 제자들도 모두 함께 머리를 깎고 출가했으며, 그동안 섬겨오던 화룡의 도구들을 모두 버리고 남은 것은 불로 태워버렸다.

형의 소식을 들은 나디이 가섭도 제자 삼백 명과 함께 출가했으며, 가야 가섭도 마찬가지로 제자 이백 명과 함께 출가했다.

배를 채우기 위해 출가한 사람

라자가하에 사는 많은 재가 신자들이 승단을 위해 여러 가지 훌륭한 음식을 만들어 차례차례로 공양 올리는 것을 본 한 바라문이 '아! 나도 출가를 해서 신도들이 정성스럽게 준비해 공양하는 맛난 음식들을 먹으며 편안하게 살아야겠다'라고 생각하고는 음식에 대한 탐심으로 출가해 구족계를 받은 후 승려가 되었다. 그러던 어느 날, 재가 신자들이 음식을 올리는 공양법회가 끝난 후 스님들은 평소와 같이 탁발을 나서며 그에게 함께 탁발할 것을 권유했다. 그러자 그가 말했다.

"벗들이여, 나는 탁발 걸식이나 하려고 출가한 것이 아닙니다. 만약 그대들이 탁발하여 나에게 음식을 가져다준다면 먹을 것이요, 그렇지 않으면 나는 승단을 떠날 것입니다."

이 소식을 전해 들은 부처님께서는 그를 불러 꾸짖으며 다음과 같이 말씀하셨다.

"어리석은 자여, 어찌하여 이와 같이 훌륭하게 설해진 교법과 율법이 있는데, 그대는 단지 배를 채우기 위해 출가했단 말인가? 그대와 같이 음식에 대한 탐심으로 출가를 하는 그런 행동은, 부처님의 가르침으로 설하여진 훌륭한 교법과 율법으로 지혜로운 깨달음을 이르고자 하나 아직 믿는 마음이 견고하지 못하여 믿음 없는 사람을 더욱 믿지 못하게 하고, 믿는 사람이라 하더라도 일부는 그 믿음을 잃게 하는 것이니라. 무릇 수행자는 청정한 마음으로 청정한 시주의 은혜와 청정한 공양물에 깃든 공덕을 잊

지 않고, 분노하는 마음과 탐내는 마음과 어리석은 마음을 버리고 오직 육
신을 지탱하는 약으로 삼아 깨달음을 꼭 성취하고자 하는 대서원으로 공
양을 받아야 하는 것이니라.”

황제가 된 양무제의 전생 이야기

양무제(梁武帝)는 불심존자라 자처하며 중국의 불교 역사에 많은 위업을
남긴 사람이다. 그러나 인생 말년에는 그의 부하였던 재상에게 쫓겨나 유
폐 생활을 하다가 비참하게 죽어야 했던 비운의 인물이기도 하다. 하지만
그는 유폐 생활 중에도 일념으로 정진하여 죽기 직전에는 숙명통을 얻어
전생의 모든 것을 꿰뚫어보게 되었다. 그래서인지 그는 후대 자손들에게
자신을 위하여 털끝만큼의 복수도 하지 말 것을 당부했다.

양무제는 전생에 매일매일 사냥을 하여 그것으로 연명을 하는 가난한
사냥꾼이었다고 한다. 하루는 산에 올라 산천을 뒤지고 다니는데, 날이 저
물도록 토끼 한 마리도 잡지 못하고 몸만 지쳐갔다. 때문에 잠깐 쉬면서
목도 축일 겸 개울이 있는 쪽을 향해 가다가, 옛 절터인 폐사지에서 고개
가 부러진 석상이 땅에 나뒹굴고 있는 것을 보았다.

처음에는 무의식중에 발로 한 번 차보았다. 그러나 부처님의 얼굴이 드
러나자 죄송하게 느껴져, 곧 불상의 머리를 안아 머리가 없는 불상에 목을
맞춰보았다. 이윽고 아주 거룩한 부처님의 모습이 드러났다. 사냥꾼은 얼

른 물을 떠다가 불상을 깨끗이 씻어서 가까운 동굴 속에 모셨다. 그리고 산에 핀 꽃들을 꺾어 부처님 앞에 올리고는 엎드려 고했다.

"거룩하신 부처님, 오랫동안 고생이 많으셨습니다. 그동안 배가 얼마나 고프셨습니까. 하지만 가난한 이 사람은 먹을 것이 없으니 대신 꽃을 올려 공양드립니다. 이 인연으로 내생에는 훌륭한 왕가에 태어나 많은 부처님과 스님들을 마음껏 공양해도 모자람이 없는 사람이 되게 해주옵소서."

이렇게 기원하고 집으로 돌아온 사냥꾼은 기분이 아주 좋았다. 생전 처음 부처님을 뵙고 또 공양을 올렸으니 마음이 흐뭇할 수밖에 없었다. 그런데 밤이 되어 잠을 자려 했더니, 그 부처님의 모습이 무지개처럼 환하게 드러나 영 잠이 오지 않았다. 그리하여 이튿날 아침, 그는 일어나자마자 목욕재계를 하고 다시 그 부처님이 계신 동굴을 찾아갔다.

그런데 이 어찌된 일인가? 그 동굴은 사람이라고는 전혀 구경할 수 없는 깊은 산중에 자리하고 있었는데, 어제 그가 올린 꽃은 동굴 밖으로 나와 있고, 웬 나무 열매가 부처님 손바닥 위에 올려져 있는 것이 아닌가?

'이게 누구 짓일까? 거참, 이상도 하구나.'

사냥꾼은 잠시 의아해 했지만 이내 동굴 밖으로 나와 탐스러운 꽃 몇 송이를 다시 따기 시작했다. 그 꽃들을 부처님께 올리고 어제와 같이 또 기원을 올렸다. 그리고는 숲으로 들어가서 산짐승을 찾아 돌아다녔다. 그날도 사냥꾼은 짐승을 한 마리도 구경하지 못했다.

해질 무렵 집으로 돌아오는 길이었다. 살며시 동굴 속을 들여다보니 이게 웬일인가. 원숭이 한 마리가 자신이 아침에 올린 꽃을 바닥에 내려놓고

서는 자기가 가져온 과일들을 올리고 기도하고 있는 것이었다.

"부처님, 저도 사냥꾼과 같이, 죽어서 다시 태어나게 될 때는 원숭이의 과보를 벗고 나라의 큰 재상이 되어 저 사람을 돕게 해주십시오" 하고는 숲으로 사라져 버렸다. 그러나 사냥꾼은 그저 자기가 올린 꽃을 내려놓고 대신 과일을 올려놓은 원숭이가 참으로 괘씸하다고만 생각했다.

"요 괘씸한 원숭이 놈 봐라, 내가 올린 꽃을 내팽개치고 제 것을 올려?"

사냥꾼은 즉시 뛰어가서 원숭이가 올린 열매를 내려놓은 뒤 자신이 가져온 꽃을 올려놓고는 분한 마음에 씩씩거리며 산에서 내려왔다. 그런데 그 다음 날 가서 보니, 또 자신이 올린 꽃들이 내팽개쳐져 있었고, 대신 원숭이의 열매가 올려져 있는 것이 아닌가?

화가 머리끝까지 난 사냥꾼은 흥분을 삭히지 못한 채 원숭이가 나타나기만을 기다렸다. 잠시 후 원숭이가 나타나 열매를 올리고 기도를 하기 시작하자, 그는 원숭이를 그대로 동굴에 가둬두고 어느 누구도 동굴 안으로 들어갈 수 없도록 큰 돌을 들어다가 입구를 꽉 막아버렸다. 그리고 집으로 내려와서는 그 일을 잊어버리고 다른 일에 몰두했다.

그 일이 있은 후 보름이 지났을 무렵의 일이다. 대낮에 방에 누워 있던 사냥꾼의 귓가에 원숭이의 소리가 들려왔다.

"꽥 꽥 꽥!"

놀라서 밖으로 나가보았더니 원숭이는 보이지 않았고, 단순히 환청이었던 것이다. 하지만 꽥꽥거리는 원숭이 소리는 귀를 막으면 막을수록 더 큰 소리로 들려오는 것이었다. 사냥꾼은 불현듯 자기도 모르는 사이에 벌떡 일어나서 산으로 뛰어올라갔다. 그리고 돌을 밀어내고 동굴 안을 살펴보니 원숭이는 이미 죽어 있었다.

아무리 미운 원숭이였지만 그 모습을 보니 사냥꾼은 가엾고 미안한 생각이 들어 원숭이를 땅에 묻어주고 부처님께 참회했다.

'사람이나 짐승이나 살기를 좋아하고 죽기를 싫어하는 것은 매한가지인데 잠깐 사이 흥분한 마음 때문에 한 생명을 굶어 죽게 했습니다. 진심으로 참회합니다.'

사냥꾼은 이날 이후부터는 죄책감 때문에 사냥하는 것을 그만두고, 남은 생을 나물을 채취해 연명하다가 죽었다. 훗날 사냥꾼은 그때 부처님 앞에서 서원한 대로 황제가 되었으며, 원숭이 또한 그의 소원대로 큰 재상이 되었다.

무제는 어려서부터 글공부는 좋아하지 않고 사냥을 즐겼으며, 이 재상은 태어나면서부터 무제를 좋아했고 옆에서 항상 그를 보호하고 공경했다. 무제는 과거 전생의 서원에 따라 불법을 좋아하고 부처님과 절을 무진장 조성하고 수만 명의 스님들을 공양하여 부족함이 없게 했으나, 자신의 공덕을 자화자찬 하는 상에 치우쳐 결국 공덕을 쌓지 못했다. 그러다보니 달마 대사를 만나고서도 도인을 알아보지 못한 것이었다.

또한 수많은 사찰을 불사하며 매일같이 수륙재, 방생재, 천도재를 지나치게 자주 치르다보니 백성들의 원성이 자자해졌고 마침내 궁중에서도 양무제를 정신 이상자로 취급하게 되었다. 이에 하는 수 없이 신하들이 논의를 해 대왕을 동굴 속에 가두어 치료키로 했는데 그 뜻을 발의한 사람이 바로 전생의 원숭이였던 그 재상이었다.

죽기 직전 숙명통을 얻은 양무제는 이렇게 말했다고 한다.

"내가 전생을 알지 못함으로써 이런 슬픈 일을 당했구나. 하지만 자기가 지어서 자기가 받은 것이니 누구도 원망하지 못할 일이다."

어이, 부처. 내 밥 먹고 과거에 합격시켜줘

성씨 성을 가진 선비가 과거를 보기 위해 며칠 동안 길을 걷던 중이었다. 그러던 어느 날, 늦은 밤에 산속 길을 헤매다가 오랫동안 비어 폐사된 절을 찾아 그곳의 법당에서 하룻밤을 묵게 되었다. 길을 잃고 한참을 헤맸던 터라 피곤하기도 했지만 무척이나 허기가 졌다. 선비는 괴나리봇짐을 풀어 후원에서 주운 솥에다가 밥을 지었다. 몹시 시장하였던 선비는 뜸이 들자마자 밥을 먹으려고 솥 앞에 나섰는데, 그 순간 선비의 눈에 거미줄이 처진 먼지투성이의 불상이 보였다. 선비는 혼자 밥 먹기가 조금은 미안한 생각이 들어 불상 앞에 밥 한 그릇을 올려놓았다. 하지만 양반 체면에 절을 할 수는 없었고, 한편으로는 과거에 붙을 자신도 없었던지라 불상을 향해 퉁명스레 한마디 내뱉었다.

"어이, 부처. 내 밥 먹고 과거에 합격 좀 시켜줘."

그렇게 서울까지 올라온 선비는 과거를 보았으나 불행히도 낙방하고 말았다. 선비는 의기소침하여 힘없이 집으로 돌아가게 되었고, 고향으로 돌아가는 길에 또 그 폐사지 절에서 하룻밤 머물게 되었다.

마음도 허탈하고 배도 몹시 고팠던 선비는 불상을 바라보다가 문득 서러운 생각에 화가 났다. 그는 자신이 과거를 보러 올라가던 길에 부처님께 올렸던 밥을 도로 바닥에 내려놓았다. 밥을 한 숟가락 입에 넣으면서 그는 부처님을 쳐다보며 이렇게 원망했다.

"황금색으로 노랗게 뜬 얼굴로 높은 자리에 앉아서 그간 많이도 우려먹었겠다. 그래, 과거에 합격 좀 시켜달라고 내 없는 살림에 밥도 나누어주었건만 내 밥만 똑 따 먹고 시치미 뚝 떼고 있소?"

그날 밤이었다. 금빛 갑옷을 입은 장군이 그의 키만큼 커다란 날이 선 칼을 든 채 선비의 몸을 발로 밟고 서서 우레 같은 목소리로 호통을 쳤다.

"이놈, 누가 너의 밥을 먹었느냐? 과거에 급제할 자신이 없으니까 요행을 바라며 밥을 올린 주제에, 왜 허물을 남에게 돌리는 것이냐? 네가 살아오면서 지나가는 거지에게 밥 한 술 퍼준 일 있었느냐? 무슨 선근공덕을 지은 일이 있다고 누구를 원망하는 것이란 말이냐!"

가위에 눌려 가슴이 철렁한 선비가 깜짝 놀라 눈을 떠보니, 온몸이 식은 땀으로 후줄근해져 있었다. 불단의 부처님은 여전히 거미줄과 먼지에 뒤덮힌 상태로 그 자리에 있었다. 마치 미소 짓는 얼굴로 내려다보고 있는 듯했고, 그 옆의 신중단에서는 방금 전 꿈속에서 자신에게 호통을 치던 장군이 눈을 부라리며 매섭게 쏘아보고 있었다. 너무도 생시 같은 상황에 선비는 속이 울렁거리고 심장은 두근두근 뛰었다. 그러나 정신을 차리고 생각해 보니 사실이 그러했다. 지금껏 착한 일을 한 적이 거의 없었다. 공부도 그렇게 열심히 한 적이 없었다. 단지 운이 따라주기만 기대하며, 되는 일이 없을 때마다 남을 탓하며 원망만 하던 옹졸하고 비겁한 사람이 바로 자신임을 부인할 수 없었다.

오밤중에 잠을 자다가 크게 각성하게 된 선비는 태만하고 오만했던 지난날을 떠올리며 부처님 전에 절을 올리며 깊이깊이 참회했다. 고향집에 도착한 선비는 과거에는 낙방했지만 아주 밝은 모습으로 부모님께 이 사실을 말씀드렸다. 그러자 평소에 불심이 깊었던 그의 아버지는 선비에게 뜻밖의 말을 했다.

"너는 아무래도 그 절의 부처님과 깊은 인연이 있는 것 같구나. 그 절을 보수하고 그곳에 가서 공부하도록 해라."

선비는 부친의 말씀을 따라 곧장 폐사지로 달려가 절을 보수한 후, 부처님을 시봉하면서 성실히 공부했다. 그의 성심성의는 헛되지 않았다. 마침내 대과에 급제하게 되었던 것이다. 나라에서는 그의 사연을 듣고 그 폐사지였던 사찰에 '대선급제사(大選及第寺)'라는 편액을 내려주었다.

'로사카 팃사'라는 이름을 가진 사람이 있었다. 그는 전생에 죄를 많이 지었기 때문에 갖가지 나쁜 세상에 태어나 매번 고통스럽게 살다가 금생에 아주 작은 마을에서 사람으로 다시 태어나게 되었다. 그런데 그는 본래

거리에서 탁발을 하는 수행자들

쌓아놓은 복이 없었기에 천대를 받으며 가난하고 불행한 삶을 살아갔다. 그렇게 박복한 모습으로 하루하루를 지내던 어느 날, 우기 철에 빗물에 떠내려가는 개미들을 우연히 보게 된 그는 불쌍한 생각이 들어 개미들을 나뭇가지로 건져내어 주었다. 로사카 팃사는 이렇게 개미들을 살려준 공덕이 인연이 되어 사리불 존자에 의해 출가하게 되었다.

그러나 어찌된 일인지 로사카 팃사는 한 국자의 죽만 받으려 해도 죽을 쏟아버리거나 흘려버리고 다시 빈 발우가 되어 있는 자신의 발우를 들고서는 늘 배고파했다. 이를 안타깝게 여긴 사리불 존자는 로사카 팃사를 불러서 자신의 발우에 담긴 음식을 나누어주고는 신통력으로 로사카 팃사의 전생을 살펴보았다.

로사카 팃사는 전생에 한 사찰의 주지스님이었는데, 매우 욕심이 많았다. 어느 날 한 객스님이 절에 찾아와서 잠시 머물기를 청하기에 함께 지내게 되었으나, 로사카 팃사는 절에 사는 대중들과 신도들이 자기보다 그 객스님을 더 공경하고 좋아할까봐 무척 걱정했다. 그러나 이 객스님은 법력과 신통력이 출중한 스님으로, 그의 속마음을 알고서는 새벽에 조용히 떠나버렸다. 마침 그날, 한 신도가 우유에 꿀과 설탕을 넣어 끓인 맛있는 죽을 대중 모두가 넉넉하게 먹을 수 있도록 준비하여 공양을 왔다. 그러나 로사카 팃사는 객스님이 떠난 줄도 모르고 시기하는 마음이 앞서서 그 죽을 혼자 다 먹을 욕심을 내었다. 하지만 워낙 죽이 많아 다 먹지 못하게 되자, 나머지는 나중에 다시 먹을 심산으로 숨겨두었으나 곧 상하게 되어 모두 버리게 되고 말았다.

그리고는 늦은 오후가 되어서야 생각났다는 듯이 객스님을 찾아보았지만 그 스님은 보이지 않았고, 객스님을 찾아다니는 로사카 팃사에게 주위 사람들은 그 객스님은 새벽에 일찍 걸망에서 발우를 꺼내어 신통력으로 발우를 타고 허공으로 날아갔다고 말해 주었다. 결국 로사카 팃사는 자신의 어리석은 시기심과 욕심 때문에 훌륭한 스님에게 아무런 공양도 올리지 않은 데다가 귀한 음식을 함부로 버린 과보로 인해 여러 생애에 걸쳐서 아귀나 비천한 모습으로 태어나게 되었고, 한 번도 배를 채워보지 못하고 더러운 것을 먹으며 살아야 했던 것이었다.

하지만 빗물에 떠내려가는 개미를 구해준 공덕으로 출가의 인연을 짓게 되었고, 사리불존자를 통하여 다겁생의 인과를 알게 된 로사카 팃사는 이후로는 누구보다도 더 열심히 선행의 공덕을 지으며 수행하게 되었다고 한다.

만공 스님의 무거운 바랑

어느 날 해질녘, 경허 스님이 제자인 만공 스님을 데리고 함께 탁발을 나갔다가 돌아오는 길이었다. 그날 많은 사람들의 시주를 받은 덕에 만공 스님의 바랑에는 쌀이 가득했다. 그러나 만공 스님은 흐뭇한 마음과는 달리 바랑이 몹시 무겁기만 했고, 갈 길은 아직도 까마득한데 계속해서 바랑 끈이 어깨를 짓눌러왔다. 만공 스님은 걸음이 빠른 경허 스님의 뒤를 쫓기

만공 스님 목발우 | 19세기 | 높이 13cm 지름 23cm
근대 한국 불교를 중흥시킨 중흥조 만공 스님의 목발우이다. 현재 수덕사 성보박물관에 소장되어 있다.

에 여념이 없었다. 이를 바라보던 경허 스님이 "바랑이 무거운가, 만공 스님?" 하고 물었다. 만공 스님은 스승께서 바랑을 대신 들어주시려나보다 생각하고 "예! 스님" 하고 대답을 하니, 경허 스님은 "그럼 내 자네 바랑을 좀 가볍게 해주겠네" 하였다.

그렇게 재촉하며 길을 가던 중 마침 어느 마을을 지나가게 되었는데, 저녁 무렵이라 아낙네들이 밥을 짓기 위해 우물가에 모여서 물동이로 물을 길어가느라 분주한 상황이었다. 그 와중에 젊은 아낙네 하나가 우물가에서 물동이를 이고 나왔다. 스무 살을 갓 넘겼을까 말까 한 아주 예쁜 새댁이었다.

앞서 가던 경허 스님이 먼저 여인과 마주쳤다. 엇갈려 지나간다고 생각되는 순간 경허 스님이 느닷없이 달려들어 여인의 양 귀를 잡고 입술을 맞췄다. 순식간의 일이었다. 바라보던 만공도, 주변의 아낙네와 길을 오가던 남정네들도, 모두 멍한 표정이었다.

"에구머니나!"

여인은 비명을 지르며 물동이를 떨어뜨리고, 어쩔 줄 몰라 하며 집으로 뛰어 들어갔다. 그 집 안팎에선 이내 소동이 일어났다. 급기야 동네 사람들은 "저 중놈들 잡아라!" 하고 소리치며, 작대기나 몽둥이를 닥치는 대로 집어 들고는 한자리에 모였다.

"아니, 어디서 돼먹지 못한 땡중이 나타나 가지고!"

이렇게 소동이 크게 번지자 경허 스님은 두 말할 것 없이 "만공! 빨리 따라오게나" 하며 앞서 도망치기 시작했다. 무거운 바랑을 메고 뒤따라가던 만공 스님 또한 '걸음아 날 살려라' 하고 함께 뛰지 않을 수 없었다. 경허 스님과 만공 스님은 온 힘을 다하여 필사적으로 도망쳤다. 몽둥이를 들고 뒤쫓던 마을 사람들의 추격은 죽기로 작정하고 달아나는 두 스님을 끝까지 쫓지는 못했다.

잠시 후 한시름 놓게 된 경허 스님은 발걸음을 멈추고서는 느닷없이 "만공! 바랑은 잘 있는가?" 하고 묻자, 만공 스님은 '아차, 바랑!' 하고 바랑을 찾으니 바랑은 어깨에 둘러멘 그대로였다. 경허 스님은 만공 스님에게 물었다.

"바랑이 무겁더냐?"

"아이고 스님, 무거운지 어떤지, 그 먼 길을 어떻게 달려왔는지도 모르겠습니다."

"그래, 내 재주가 어지간하지? 쫓기어 뛰는 사이에 무거움도 잊고 그 먼 길을 단숨에 지나왔으니 말이다. 허허"

경허 스님과 만공 스님은 크게 웃으며 노을로 물든 아름다운 마을을 뒤로 한 채 산사로 접어들었다.

부처님의 밭 갈이

어느 날 발우를 들고 탁발하러 나온 부처님과 제자들에게 한 농부가 말했다.

수행자의 밭 갈이는 정진이다.

"나는 밭을 갈고 씨를 뿌립니다. 그리고 밭을 갈고 씨를 뿌린 후에 먹습니다. 그러니 당신도 밭을 갈고 씨를 뿌린 다음에 드십시오."

부처님께서 말씀하셨다.

"밭을 가는 농부여! 나도 밭을 갈고 씨를 뿌린 다음에 먹소. 믿음은 종자요, 고행은 비며, 지혜는 내 멍에와 호미 괭이자루이며, 의지는 잡아매는 줄이고, 생각은 내 호미 날과 작대기라오. 몸을 근신하고 말을 조심하며 음식을 절제하여 과식하지 않고, 나는 진실로써 김을 매며, 온화한 성질은 내 멍에를 벗겨주오. 노력은 내 황소이니 나를 안온의 경지로 실어다주오. 물러남 없이 앞으로 나아가 그곳에 이르면 근심 걱정이 없어진다오. 내 밭 갈이는 이렇게 이루어지고, 감로(甘露)의 과보를 가져오는 이런 농사를 지으면, 온갖 고뇌에서 풀려나게 되는 것이라오."

아직 끝나지 않은 업연

오련 스님이 불법 홍포와 수행정진을 위해 만행을 하던 중이었다. 어느 날, 여느 때처럼 한적한 시골마을을 지나가게 되었다. 그곳은 외도(外道, 불교 이외의 다른 종교)의 마을로 유명한 곳이었다. 서산에 붉은 저녁 해가 뉘엿거리자 오련은 발걸음을 서두르며 하룻밤 쉬어갈 곳을 찾아다녔다. 하지만 어디에도 쉴 곳이 그리 마땅치 않은 상황이었다. 그때였다. 언제 나타났는지 "스님 어디를 가시는 길이신지요? 초행이시면 제가 안내를 해드리겠습니다" 하면서 웬 거사가 말을 다정스레 붙이며 다가오는 것이었다.

오련은 자신을 반갑게 맞이해 주는 거사가 왠지 낯설지 않았다. 지중한 인연인 것 같은 예감에 기꺼운 마음으로 거사의 안내를 따라 거사의 집으로 동행하게 되었다. 거사는 만행에 지친 스님을 위로하며 곡차까지 대접하면서 지극하게 대했다. 오련은 오랜만에 흐뭇한 마음으로 그렇게 하룻밤을 지내게 되었다. 오련은 그날 거사와 함께 밤이 깊어가는 줄도 모르고 세상사와 불법에 대한 이야기를 나누게 되었다.

거사는 본래 타지 사람이라고 했다. 호구지책으로 이 마을 저 마을을 떠돌아다니다가 결국은 이 마을에 정착하게 된 유랑민이었던 것이다. 그러다가 우연히 오고가는 스님들을 통해 불법에 대한 이야기를 듣게 되었고, 그것이 인연이 되어 불교에 관심을 가지게 되었으며, 장차 자신의 사재로 불법을 홍포할 불사를 이루려고 준비하고 있는 중이라는 것이었다.

'아! 이런 척박한 곳에서도 이렇게 신심이 지극한 마음으로 불법을 배우기 위하여 불사를 하고자 하는 사람이 있구나.'

거사와 대화를 나누던 스님은, '외도의 마을이라고는 하지만 도리어 이러한 곳에서 불법을 펼칠 생각을 왜 못했을꼬. 수행자인 내가 두려울 일이 무엇이 있겠는가?' 하는 생각이 들어 마음이 들뜨기까지 하는 것이었다.

이런저런 이야기와 공감대로 서로에 대한 호감이 견고해지고 나아가 스님의 마음에는 환희심이 가득해졌다. 짧은 하룻밤을 지새운 오련 스님과 거사는 훗날을 기약하며 아쉬운 작별을 하게 되었다.

오련 스님은 그 후로도 전국의 여러 기도처와 선지식을 찾아 구법의 만행을 다녔다. 불법이 홍성한 어느 마을에서는 신심 지극한 신도들이 그곳에서 불법을 더욱 융성하게 펼쳐줄 것을 바라며 큰 시주를 약속하기도 했다. 또 어떤 마을에서는 기존의 사찰을 맡아서 더욱 번창시켜 줄 것을 다른 스님들이 권유하기도 했다. 그러나 척박한 외도의 마을에서 혼자서라도 불법을 배우고 불사를 일으키고자 했던 신심이 돈독한 거사의 모습이 오련의 뇌리를 떠나지 않는 것이었다.

무사히 만행을 마치게 된 오련 스님은 급기야 외도의 마을을 다시 찾게 되었다. 오련 스님과 거사는 서로 기쁜 마음으로 재회했다. 그들은 환희심 가득한 마음으로 불사의 의지를 다시 한 번 확인한 뒤에 함께 불법을 일굴 가람을 창건하기로 결의를 했다.

그러나 막상 작정은 했지만, 스님에게는 불사를 시작할 땅도 불전도 한 푼 없는 처지였는지라 그 막막함은 백척간두에서 진일보 하는 심정과도 같았다. 하지만 오련은 이 불모지에서 신심 지극한 거사와 함께 한다는 것 하나만으로도 큰 의지가 되었고 희망을 느꼈다.

오련 스님은 불사에 관한 모든 의논을 거사와 함께 나누며 가람을 일굴 터를 부지런히 찾아다녔다. 또 한편으로는 이 마을 저 마을에서 불사를 권선하기 위하여 탁발 화주를 부지런히 했다.

그러던 어느 날이었다. 여느 때와 같이 절터를 찾아다니던 중에 거사가 말했다.

"스님! 스님께서 절터를 잡으시면 저도 그 옆에다가 집을 장만하여 가게나 운영하면서 절에 다니며 살도록 하겠습니다."

거사는 스님을 만난 지 오래되지 않아 자신의 속내를 드러낸 것이다. 하지만 오련 스님도 얼마 전부터 이미 거사의 의도를 알아차리고 있었다. 처음에 만났을 때 유일한 불자를 가장하여 신심이 지극했던 모습과는 달리 날이 지날수록 흑심을 품고 있던 상술적인 속내를 드러내는 것이었다. 그래서 스님은 거사의 말이 끝나기가 무섭게 정색을 하며 이렇게 말했다.

"거사님, 절대로 그리 하시면 안 됩니다. 그것은 부처님을 욕되게 하는 일입니다. 절에서는 그런 곳을 일러 상가마을이라고 하는데, 장사집이 하나 들어서게 되면 또 다른 장사집이 들어서게 되고 그렇게 장사집들이 어울리게 되다보면 결국은 분위기를 어지럽히게 되어 불법을 홍포하고 청정히 보호되어야 할 수행 도량의 환경이 엉망이 되어버립니다."

스님은 거사에게 이렇게 나무라며 그가 잘못된 생각을 거둬들이도록 점잖게 타일렀다. 이제는 타일러서라도 동행하는 수밖엔 없었다. 그리고는 스님은 불사의 원만성취를 위한 기도정진을 하며 탁발화주와 절터 잡는 일을 계속했다.

그러한 스님의 기도에 영험이 있었는지 얼마 안 되어서 양명(陽明)한 곳에 절터를 얻게 되었다. 마침 절터를 잡고 보니 불사의 시절 인연을 기다린 듯한 명당이었다. 게다가 불사의 동참을 선몽받았다며 신심이 지극한 불자들이 줄을 이어서 화주를 자청하고 나섰다.

그렇게 불사는 순조롭게 진행이 되어나갔다. 마을에서도 불법과 인연이 있던 사람들이 차츰 차츰 모여들어 함께 불사를 도와 사찰의 모양새를 갖추어나갈 수 있었다. 뒤늦게 안 사실이지만 오련 스님이 이 마을에서 불법을 펼치기 이전에도 적지 않은 사람들이 벌써부터 불법에 관심을 가지고 있었던 것이었다. 애초 외도의 마을이라 짐작하여 걱정이 앞섰던 마음도 어느 정도 진정이 되었고, 이렇듯 불사는 순조롭게 진행이 되었다.

그러나 문제는 전혀 엉뚱한 곳에서 일어나고 있었다. 그렇게도 불심이 지극한 모습을 보여주던 거사가 새로운 신도들과 화합이 되지를 않는 것이었다. 주변에서는 어느 때부터인지 이 거사를 외도의 마을에서 유일한 불자라고 소개했고, 그 자신 또한 유일한 불자라고 소개되는 것을 큰 자랑으로 삼았다. 그러나 절이 생기고 신도들이 늘어나면서부터는 자신에 대한 관심도 줄어들고 자랑거리도 없어지다 보니 스스로 질투 어린 시샘이 생겨버린 것이었다. 하지만 뒤늦게 불사에 동참하게 된 신도들은, 그래도 역사적인 사찰 창건에 동참하게된 것을 다행스럽게 생각하면서 오련 스님과 함께 불사를 하며 거사를 다독이고 칭찬하면서 화합을 위해 노력하며 신심을 키워나갔다.

그런 일이 있은 후 얼마 있지 않아 오련 스님에게 이상한 소문이 들려왔다. 이 거사가 자신이 죽고 난 뒤에 전 재산을 이 절에 시주하겠다며 떠들고 다닌다는 얘기였다. 몇몇의 신도들이 스님을 찾아와서 이 거사님이 돌아가시고 난 뒤에 전 재산을 절에 시주하겠다고 하는데 스님과 논의가 있었던 것이냐고 묻는 통에 알게 된 사실이었다. 신도들은 그것이 사실이라면 참으로 대단한 일이 아니겠느냐며 칭찬 반 호기심 반으로 들떠 있었던 것이다. 그런 이야기를 전해 들은 스님은 또다시 거사를 불러서 조용히 타일렀다.

"거사님! 시주라는 것은 받는 이는 물론이거니와 주는 이와 그 물건까지도 청정해야 하는 것입니다. 그런데 아직 실천할 일이 까마득한 후일의 일이라 해서 그렇게 함부로 말씀을 하고 다니시면 어찌하겠습니까? 아마도 거사님이 돌아가시려면 아직도 삼사십 년은 더 기다려야 할 터인데 그러한 소문을 내고 다니면 소승이 빨리 돌아가시라고 빌기라도 해야 되겠습니까? 더군다나 시주는 죽기 전에 살아서 할 일이지 죽고 난 뒤에 하겠다고 하면 믿음이 전혀 없는 거사님의 아내와 자식들은 또 어찌할 것입니까? 거사님이 돌아가시게 되면 남은 가족들이 그 유산을 상속할 텐데, 식구들과 의논을 하고 그리 말씀을 하고 다니시는 것입니까? 부디 책임지지 못할 구업을 함부로 짓지 마시기를 바랍니다."

그러자 거사는 별로 내켜 하지 않는 모습으로 말없이 물러갔다.

이 일이 있고 얼마 있지 않아 설상가상으로 또 한 신도가 찾아왔다. 그 신도의 입에선, 그 거사가 자신과 함께 동업하여 절 옆에다가 상업 지구를 만들어서 돈을 벌어보자고 한다는 이야기가 흘러 나왔다. 이 신도는 상식적으로 그리하면 안 될 일인 것 같아 정중하게 거절하고, 스님께서도 이러한 사실을 먼저 알고 계셔야 할 것 같아 말씀드리러 왔다는 것이었다.

그뿐만이 아니었다. 벌써 절 주변의 땅을 사들여 공사할 준비가 다 되어 있다는 것이었다. 어처구니가 없었다. 그렇게도 믿었고 타일렀건만, 어떻게 그럴 수가…….

오련 스님은 과거 전생에 이 거사와 무슨 업연이 얽혀 있는 까닭에 이러한 일이 끊임없이 이어지는 것인가 하는 생각을 하며, 거사를 위해 기도하는 중에 선정삼매에 들어 그의 전생의 모습들을 보게 되었다.

과거 오랜 전생에는 그 거사도 수행자의 모습을 하고 있었다. 그러나 출가는 했지만 수행에는 관심이 없고 먹고 노는 것을 좋아해 세속의 모습을 벗어나지 못했다. 행색은 수행자였으나 세속적인 욕망을 떨치지 못해 재물 모으기를 좋아했고, 그러면서도 입으로는 불법을 이야기하고 다니기를 좋아했다. 그러나 그러한 과보로 인해 죽어서는 기약 없는 고해의 바다에서 윤회를 하게 된 것이었다. 그러다가 사람 몸 받기 직전의 과거 생에는 그래도 불연은 조금 남아 있었던 까닭에 절 주변을 맴도는 구렁이의 몸을 받게 되었다. 하지만 구렁이의 몸을 받고서도 재물을 탐하는 과거 전생의 버릇은 아직 버리지를 못해 절의 곳간을 습관적으로 계속 기웃거리게 되었고 그러다가 수행하는 스님들과 신도들에게 맞닥뜨려서 그들을 깜짝 놀라게 만들었다. 그때마다 스님들이 구렁이를 붙잡아 아무리 멀리 보내도 도로 돌아와서 계속 나타나 사람들을 놀라게 하자, 어느 날 스님이 구렁이를 소쿠리에 담아서 사람들에게 보이지 않는 곳에 가서 살도록 강물에 띄워 멀리 보내버렸다.

오련 스님이 삼매 속에서 강물에 떠내려가는 그 구렁이를 자세히 살펴보자, 구렁이와 거사의 모습이 하나로 겹쳐져 한 몸을 이루는 것이었다. 그 거사는 구렁이의 몸으로 절의 곳간을 오가며 스님들의 독경하는 소리를 들을 수 있었던 공덕으로 금생에 사람의 몸으로 환생한 것이었고, 자신은 그 구렁이를 강물에 띄워 보내던 그 스님이었다.

선정에서 깨어난 오련 스님은 숙생으로부터 이어져온 인과의 업보를 벗

어버리지 못하고 아직도 절 주변에서 무늬만 불법의 옷으로 자신을 위장하고 악업의 연을 짓고 있는 이 거사를 생각하며 그 누구도 도와주지 못하는 선인선과(善因善果) 악인악과(惡因惡果)의 지독한 업연의 굴레를 다시 한 번 깨닫게 되었다.

오랜 윤회를 거듭하며 백 년에 한 번씩 떠오르는 눈먼 거북이가 바다 한가운데에서 통나무를 만나게 되는 것과 같은 지중한 인연으로, 다행히도 사람의 몸을 받기는 했으나 금생에도 역시 허황된 욕심으로 또 다른 과보를 짓게 된 이 거사의 업연은 참으로 안타까운 일이었다.

그런 일이 있은 이후 오련 스님은 수행과 불법의 홍포에 더욱 열심히 정진했고 불사는 원만하게 성취되어 큰 가람을 이루게 되었으며, 인과의 법칙을 깨달은 스님의 법력으로 얼마 후에는 외도의 마을 사람들도 모두 불법에 귀의하게 되어 불법의 마을이 되었다.

호랑이의 보은으로 세운 도량

두운은 소백산의 깊은 계곡에 들어가 바위 동굴에 몸을 의지한 채 정진하고 있던 수행승이었다. 며칠째 내린 눈으로 온 산이 하얗게 뒤덮어버린 어느 날의 일이었다.

깊은 산중의 짧은 겨울 해마저도 떨어진 두운의 처소에도 고요한 밤이 찾아들었다. 눈 쌓인 적막한 산중에서 어둠의 초상들을 바라보며 용맹정진하고 있던 두운의 귀에 갑자기 맹수의 소리가 들려왔다. 호랑이의 소리가 분명했다. 자세히 들어보니 배고파 우는 소리는 아닌 듯했다. 그렇다고 짝을 그리워하거나 새끼를 보살필 때 내는 울음도 아닌 것 같았다. 그것은 고통으로 신음하는 호랑이의 소리였다.

맹수의 신음이라니. 두운은 동굴 밖으로 나와 자세히 소리 나는 쪽을 가늠해 보며 다가가 보았다.

'폭포가 있는 곳인 것 같군.'

폭포 근처에 가보니 역시 호랑이였다. 집채만한 커다란 호랑이가 꽁꽁 얼어붙은 폭포 아래에 엎드려 신음하고 있었다. 이미 오래전부터 앓고 있었는지 기운도 없어 보였다. 그러나 두운을 발견한 호랑이는 무엇인가 도움을 바라는 모습으로 고개를 돌려서 큰 입을 벌렸다. 호랑이가 살의가 없어 보였기에, 두운은 호랑이에게 가까이 다가가 자세히 살펴보니 목에 무엇인가 걸려서 고통스러워하는 것 같았다. 호랑이를 바라보던 두운은 두려운 마음이 없지는 않았으나, 옛 선지식들은 자신의 생명과 몸을 아끼지 않고 수행을 했는데 호랑이의 먹이가 된다고 한들 무엇이 두려울 일이겠는가 생각을 하고서는 호랑이에게 다가가 소매를 걷어붙이고 호랑이의 입을 한껏 벌려서 깊숙한 곳의 목구멍을 살펴보았다. 역시 작대기 같은 것이 호랑이의 목구멍에 걸려 있었다. 그런데 어두운 상태에서도 반짝이는 그 물건이 무엇인가 하고 자세히 들여다보니, 그것은 여인의 비녀였다.

깜짝 놀란 두운은 "네 이놈! 아무리 호랑이의 몸을 받아 태어난 축생이라 하지만 사람을 함부로 잡아먹었구나. 사람을 잡아먹고 고통을 당하고 있으니 내가 어찌 너를 구해 줄 수 있겠느냐” 하고 벽력같은 일갈을 내질렀다.

두운 스님의 호통에도 불구하고 호랑이는 커다란 눈망울을 껌뻑거리며 여전히 입을 벌려 고통스러운 아픔만을 호소했다. 두운은 그 호랑이의 모습에 안쓰러움이 느껴졌다.

“네가 산중의 왕인 것은 분명하지만, 살생을 해야만 하는 무거운 업으로 태어났고, 업연을 알지 못하는 축생인 까닭에 오늘과 같은 일을 당한 것이니, 내가 오늘 너를 구해 줄 테니 앞으로 다시는 사람을 해치는 일이 없도록 하여라.”

이렇게 말한 뒤 두운은 소매를 걷어붙이고 호랑이의 입 속으로 손을 집어넣고서는 한참을 실랑이하여 비녀를 끄집어냈다. 그렇게 호랑이를 구해 준 두운은 자신의 동굴로 돌아왔고, 다시 용맹정진으로 수행하며 지내고 있었다.

그런데 어느 날부터 변화가 생기기 시작했다. 자고 일어나면 멧돼지가 마당에 놓여 있는가 하면, 또 어느 날에는 노루가 놓여 있기도 했다. 깊고 깊은 이 산중에 사람의 짓일 리는 만무했다. 잠시 생각해 보니 호랑이의 짓임에 틀림이 없었다. 두운은 마당에서 호랑이가 들으라는 듯 큰소리로 호통을 쳤다.

“네 이놈, 네가 보은을 하려는 생각은 갸륵하다만, 어느 수행자가 고기 먹으면서 도 닦는 것을 보았기에 이런 짓을 하는 것이냐. 두 번 다시 이런 짓 하지 말 것이며, 이 근처에 얼씬도 하지 말거라.”

　그러자 근처에 숨어서 두운을 지켜보고 있던 호랑이는 머리를 숙인 채 멀리 사라졌다. 그렇게 며칠을 조용히 보내던 어느 날이었다. 이상한 기척에 처소의 주변을 살피던 두운은 폭포 아래에서 사람이 쓰러져 있는 것을 발견하게 되었다. 가까이 다가가보니 아리따운 새색시 단장을 한 여인이었다. 영문을 알 수 없었던 두운은 일단 처녀를 살리는 것이 급한 일이었기에 동굴로 데려와 간병을 했다.

　며칠간 정성스럽게 간병을 한 덕분인지 기력을 회복한 처녀가 두운을 향해 횡설수설 말을 던졌다.

　"아, 내가 살았나요, 죽었나요? 도대체 여기는 어디입니까? 혹시 저승은 아닌지요?"

　"여기는 소백산의 깊은 산중인데, 이곳은 내가 수행하는 동굴이오."

　두운은 처녀가 신라의 도읍 경주에 사는 갑부 유호장의 외동딸이라는 사실과, 전날 혼사를 치루고 신방에 들어가려는 순간 몸이 공중으로 뜨면서 기절을 해버렸다는 이야기를 듣고서는 또 그것이 호랑이의 짓임을 짐작할 수 있었다.

　"저를 집으로 데려다 주세요."

　곱게 자란 처녀가 이토록 깊은 산의 눈 덮인 계곡에 생면부지의 승려와 한 동굴에 있어야 하는 기막힌 상황은 두려움 그 자체가 아닐 수 없는 노릇이었다.

　"그러지요. 하지만 지금은 천지가 얼어붙고, 눈이 너무 많이 쌓여 있어서 길도 찾을 수 없으니, 어쩔 수 없이 봄이 올 때까지 앞으로 석 달은 기다려야 할 것입니다."

두운은 자신이 기거하는 동굴에 싸릿대로 칸을 막아서 처녀가 편히 기거할 수 있도록 배려했고, 처녀는 부모님이 계신 고향에 돌아갈 날을 기다리며 두운 스님으로부터 부처님 법을 배우면서 산 생활에 적응하며 그렇게 산중의 겨울을 보내게 되었다.

어느덧 겨울이 지나가고 계곡에 얼음이 녹아내리는 이른 봄이 되었다. 유호장의 집에 두 나그네가 찾아왔다. 한 사람은 승려였고 한 사람은 젊은 처녀였다. 처녀는 부모님을 향해 달려들며 이렇게 외쳤다.

"아버님 어머님, 소녀가 왔습니다."

호랑이에게 물려갔던 소녀가 살아서 돌아온 것이었다. 잃어버렸던 딸의 등장에 유호장 부부는 기쁨을 감추지 못했고, 집안사람들은 이것이 진정 사람인가 귀신인가 놀라워하면서 한바탕 난리법석이 일어났다. 이에 두운 스님이 그간의 사정을 설명했다.

"소승이 지난 겨울에 목에 비녀가 걸려 죽을 처지에 놓인 호랑이를 구해준 일이 있었는데, 그 축생이 무슨 뜻에선지 제게 댁의 따님을 물고 왔소이다. 호랑이를 대신해 소승이 송구한 마음을 감출 길 없으니 너그러이 용서하시길 바랍니다."

두운 스님의 설명을 들은 유호장은 흥분을 가라앉히고 잠시 생각하다가 스님을 바라보며 말했다.

"스님. 이 일이 비록 호랑이로 인해 비롯된 것이라 하지만, 필시 부처님의 가피로 닿은 인연이라고 생각합니다. 산중호걸인 호랑이가 자신의 은

혜를 갚고자 하여 딸을 찾고자 하는 저로 하여금 스님께 대신 은혜를 갚으라고 하는 뜻일 테니, 부디 저에게 큰 기쁨으로 스님께 은혜를 갚도록 해주십시오."

두운은 간절한 마음으로 무엇인가 보답하려는 유호장의 인품에 다만 감사를 표하며 "소납은 산중의 수행자일 뿐이며 무엇을 바라고자 한 일이 아니오니 이만 돌아가도록 하겠습니다" 하며 유호장의 집을 떠나려 했다.

그러나 유호장은 한사코 스님께 은혜를 갚겠다는 뜻을 굽히지 않았고, 스님이 거처하는 동굴 앞에 절을 짓겠다는 발원을 했다. 시주자의 발원을 막무가내로 계속해 물리치는 것도 민망스런 일이었다. 그리하여 두운 스님은 유호장의 발원에 따라 소백산 계곡에 절을 짓게 되었고 절 이름을 제방(諸方)에 기쁨을 알린다는 뜻에서 희방사(喜方寺)라 지었다.

아난의 지혜로운 걸식

부처님께서 기원정사에 계실 때의 일이다. 어느 해인가 기근이 닥쳐 백성들은 먹을 것을 구하러 여러 나라로 떠돌았고, 부처님 일행도 먹을 것을 얻을 길이 없어 공양을 얻지 못할 때가 많았다. 그때 부처님의 제자 아난이 생각했다.

'만일 세존께서 다른 나라를 떠돌아다니며 직접 먹을 것을 구해야만 하는 상황에 맞닥뜨리게 되면, 모처럼 평안히 부처님을 따라 도를 닦고 있는

많은 사람들도 모두들 흩어지지 않으면 안 되게 될 것이다.'

이에 아난은 사위국왕 바세나디에게 가서 그간의 사정을 말하고 승단의 구제를 청했다. 왕은 흔쾌히 부처님과 그 제자들을 위해 석 달 동안 공양할 음식과 병자를 위한 의약을 베풀어주었다.

이 모두가 아난의 공이라고 생각한 대중은 그를 칭찬했다. 그러자 부처님께서는 "아난이 좋은 생각을 내어서 탁발 시주를 한 것은 이번뿐만이 아니라 그의 과거세에도 이런 일이 있었다"고 하시며 다음과 같은 전생 이야기를 해주셨다.

옛날 바라나시국의 덕이 높은 왕 범탈은 현자의 이름을 사방에 떨치고 있었다. 그러나 한때 기근이 그 나라를 엄습하여 곡식 값은 오르고 백성은 굶어 죽으며, 길거리에는 거지가 들끓게 되었다. 왕은 이 광경을 보고 궁궐의 창고를 열어 구제를 했으나, 가뭄이 계속되어 아무리 벼를 심어도 그 어떤 결실도 얻지 못하였으며, 거지는 나날이 늘어만 가고 굶어 죽는 백성은 수를 헤아릴 수 없게 되었다.

그러자 그렇게도 풍족하던 왕의 창고도 거의 바닥을 드러내게 되었다. 여러 신하들은 아무리 굶어 죽는 사람이 많아도 더 이상 구제를 계속하려고 하면 나라가 망하게 되니, 왕께 아뢰어 구제를 중지하지 않으면 안 되겠다고 협의하고 왕 앞에 그 사정을 아뢰었다.

"지금 형편이 이러하오니 구제는 일단 중지하고, 충분한 준비가 된 연후에 다시 실시하는 것이 어떻겠습니까?"

그러자 범탈 왕이 말했다.

"나는 구제를 중지할 수는 없소. 나의 백성이 먹을 것이 없어서 찾아와 식량을 달라는 것을 거절한다는 것은 너무도 가혹한 짓이오. 무슨 수단을 써서라도 구제를 하도록 합시다."

왕의 단호한 말에 여러 신하들은 궁여지책으로 한 꾀를 생각해 내었다. 그것은 백성들이 성으로 오지 못하도록 조치하는 것이었다.

'왕에게 구제를 청하는 자는 엄벌에 처한다.'

이러한 포고가 거리마다 나붙었다. 사방에서 모여들던 굶주린 백성들은 이 포고를 보고는 모두 당황했다. 그러나 백성들은 이것이 왕의 진심이 아님을 간파하고 있었다.

'이제 왕에게 가서 구걸을 할 수도 없고, 그렇다고 그냥 집으로 돌아가면 부모와 처자는 굶어서 죽는다. 왕은 자비로우신 분이다. 이런 포고는 신하들의 장난이지 왕의 본의는 아닐 것이다.'

많은 사람들은 입을 모아 신하들의 무자비함을 원망했다.

그때에 다른 백성들과 마찬가지로 굶주림에 힘겨워 하던 바라문이 있었는데, 그는 걸식을 해서 먹을 것을 구했으나 며칠을 얻지를 못하다보니 처자와 함께 굶어 죽게 되는 상황이 되었다.

어느 날, 아내가 말했다.

"당신은 왜 왕께 도움을 청해 보지 않나요? 왕께서는 말씀드리기만 하면 꼭 들어주신다고 했잖아요."

바라문이 대답했다.

"지금은 왕에게 도움을 청원하는 자는 엄벌에 처한다는 포고가 내려졌기에 아무도 왕을 만날 수가 없소. 다만, 먼 나라에서 온 사자(使者)만은 만나게 해준다는 얘기가 있소."

그러자 다시 아내가 말했다.

"그러면 '나는 먼 나라에서 온 사람입니다' 하고 만나기를 청해 보십시오. 왕을 만나 뵙기만 한다면, 자비하신 왕께서는 소원을 틀림없이 들어줄 것입니다."

바라문은 아내의 말대로 옷을 차려 입고, 성문 앞에 서서 먼 나라의 사자가 왕을 뵙고 싶다고 청을 했다. 그를 접견한 왕은 이렇게 물었다.

"어디로부터 온 사자인가?"

왕의 질문에 바라문은 머리를 조아리며 대답했다.

"대왕이시여, 용서하십시오. 저는 제 배(腹)의 사자(使者)로 왔습니다. 많은 사람들이 재물을 탐내어 사람의 목숨을 해치고, 재물을 빼앗는 자들 때문에 고통을 겪고 있습니다만, 제가 온 것은 그것 때문이 아닙니다. 저는 다만, 배의 사자일 뿐입니다. 대왕이시여, 관대하신 마음으로 도와주십시오. 기갈 때문에 배를 채울 수 없는 것만큼 커다란 고통은 없습니다. 저는 실로 이 배로부터의 사자이니, 대왕님께서 어서 우리들을 기갈로부터 구해 주십시오."

왕은 이 용감하고 지혜 있는 배의 사자를 가엾게 여겨 소 한 마리와 양식을 함께 보시해 주었다.

부처님께서는 이 '배의 사자'가 지금의 아난이며, 범탈왕은 바세나디 왕
의 전생이라고 말씀하셨다.

숯 굽는 노인의 소원과 감자 공양

불일 보조 국사가 운수납자로 행각을 하던 때의 일이다. 어느 날 깊은
산중에서 날이 저물자 스님은 하룻밤 쉬어갈 곳을 찾던 중 산기슭에서 숯
굽는 움막 하나를 발견하게 되었다. 스님은 움막을 향해 외쳤다.

"주인 계십니까?"

"뉘신지요?"

움막 안에서 나이가 지긋한 한 노인의 목소리가 들려왔다. 스님이 대답
했다.

"지나가는 객승인데 하룻밤 신세 좀 질까 합니다."

움막의 노인은 스님을 맞이하게 된 것이 영광스러운 듯 내다보지도 않
던 좀 전과는 달리 허리를 구부려 합장하며 정중히 스님을 모셨다.

"이런 누추한 곳에 스님을 모시게 되다니, 그저 송구스러울 뿐입니다."

노인은 반갑고 기쁜 마음으로 감자를 삶아 저녁을 극진히 대접하고 잠
자리를 마련하여 스님이 편히 쉴 수 있도록 배려했다. 스님이 영감에게 물
었다.

"영감님은 무얼 하시며 사십니까?"

그러자 영감이 대답했다.

"무얼 하면서 지내고 말고 할 것이나 있나요. 못 배우고 가진 것이 없으니, 그저 감자나 심어 연명하면서 숯이나 굽고 산답니다."

신세타령을 늘어놓는 노인에게 스님은 다시 물었다.

"그러면 영감님 소원은 무엇입니까?"

숯쟁이 영감이 대답했다.

"금생에야 무슨 희망이 있겠습니까? 다만 다음 생에 다시 태어난다면 중국의 천자(天子)가 되어서 천하를 호령하고 싶습니다. 제 소원이 이뤄질 수 있을까요?"

스님이 영감에게 말했다.

"지금부터라도 선업을 많이 쌓고 열심히 수행을 하시면 소원이 이루어질 수 있을 것입니다."

그날 밤, 스님은 노인에게 선업을 쌓는 법과 수행하는 법을 자세하게 일러줬다. 그 이후 수행에만 전념하던 스님은 길상사에 주석하게 되었는데, 그 당시 길상사는 이미 쇠락할 대로 쇠락한 사찰이 되어 다른 종교를 믿는 외도들이 절을 점거하고 있던 중이었다. 스님은 외도들에게 길상사 중창의 뜻을 밝히며 도량에서 물러나 줄 것을 요구했으나 외도들은 물러나려 하지 않았다.

오히려 외도들은 도량에서 고기를 구워먹거나 행패를 부리며 도저히 물러날 생각이 없는 듯 행동했다. 한번은 외도들이 절 앞 계곡에서 잡은 물고기를 한 솥 끓여놓고 술과 함께 먹다가는 그 앞을 지나는 스님을 불러

세웠다.

"스님! 스님께서 이 고기를 먹고 다시 살아 있는 물고기를 내놓을 수 있다면 우리가 절을 떠나겠습니다."

스님은 어처구니가 없었으나 일단 말없이 물고기를 다 잡수셨다. 그리고는 물가로 가서 토해 내니 물고기들은 다시 살아나서 꼬리를 흔들며 물속을 헤엄쳐 다녔다. 스님의 도력에 놀란 외도들은 곧바로 절을 떠났다고 한다.

지금도 길상사(현재의 송광사) 계곡에는 그 물고기들이 서식하고 있는데, 토해 낸 고기라 하여 이름을 토어, 또는 중택이, 중피리라고 부른다. 그 후 스님은 길상사를 크게 중창하고 절 이름을 수선사라 개칭하여 선풍을 크게 드날렸다.

그렇게 수행하던 어느 날, 중국 천태산에서 십육나한이 금나라 천자의 공양청을 부탁받고 스님을 모시러 왔다. 그러나 스님은 거리가 너무 멀 뿐 아니라 승려 신분으로 왕가에 가는 것은 불가하다며 사양하셨다. 그러자 나한은 "큰 스님께서는 과거의 인연을 생각하시어 눈만 감고 계십시오. 우리가 모시고 가겠습니다" 하고 간곡하게 부탁했다.

스님이 조용히 눈을 감고 입정에 드니 순식간에 중국의 천태산 나한전에 도착했다. 절에서는 금나라의 천자가 올린 백일기도를 회향하고 있었다. 법회가 끝난 뒤 대신들은 스님께 아뢰었다.

"천자께서 등창이 났는데 백약이 무효입니다. 그리하여 이곳 나한님께 백일기도를 올리게 되었는데 나한님들이 신통력으로 스님을 모셔 오게 된 것입니다."

순간 스님의 뇌리엔 산중에서 숯 굽던 노인이 떠올랐다. 그 노인이 지금 천자가 되어 중병을 앓고 있었던 것이다. 스님은 천자에게 가서 환부를 만지며 조용히 말했다.

"내가 하룻밤 잘 쉬어만 갔지, 그대 등 아픈 것은 몰랐구먼. 이렇게 고생해서야 쓰겠는가. 어서 쾌차하여 일어나게."

그러자 아프던 천자의 등창은 언제 아팠느냐는 듯 씻은 듯이 완쾌되었다. 이에 천자는 전생의 인연법을 신기하게 생각하고 스님을 스승으로 모셨다. 얼마 후 스님은 다시 고국으로 돌아오시게 되었다. 떠나려는 스님에게 천자가 말했다.

"스님, 그냥 가시면 제가 섭섭하여 아니 되옵니다."

천자는 사양하는 스님에게 보은의 기회를 청하면서 많은 금란가사와 보물을 공양으로 올리고, 아들인 세자로 하여금 스님을 시봉케 했다. 보조 스님께서는 중국의 세자를 시봉으로 삼아 수선사로 돌아오셨다.

보조 스님과 함께 온 금나라 세자는 현재의 송광사가 자리한 조계산 깊숙한 곳에 암자를 짓고 수도에 전념하니 그가 바로 담당 국사이다. 담당 국사가 창건한 이 암자는 천자와 보조 스님의 인연으로 천자암이라 불렀다. 지금도 천자암 뒤뜰에는 보조 국사와 세자가 짚고 와서 꽂아둔 지팡이가 뿌리를 내려 자랐다는 두 그루의 향나무가 전설을 지닌 채 거목으로 서 있다.

욕심꾸러기 허 서방의 거름 공양

허 서방은 몸은 부지런했으나 본시 탐심이 많은 자였다. 돈이 된다 하면 결코 옳지 않은 방법으로 악한 일도 서슴없이 하여, 당대에 많은 재산을 모으게 되었다.

그러던 어느 날, 밭갈이 할 무렵이 되어서 허 서방은 일꾼들을 지휘하여 쓰레기와 거름 등을 소에 실어 운반하고 있었다. 그때 마침 집 앞에서 늙은 스님이 남루한 모습으로 발우를 들고 탁발을 하고 있는 것이 보였다. 이런 탁발승을 발견한 허 서방은 크게 성질을 내며 소리쳤다.

"내가 평생토록 미워하는 자가 중들이다. 중들은 밭도 갈지 않고 길쌈도 하지 않으면서 만날 놀고 입고 먹으니, 바로 피땀 흘려 일하는 사람들의 적이 아닌가? 그런데 어찌 감히 나의 집에서 밥을 구하는가?"

그리고는 탁발 나온 스님의 발우에다가 삽으로 떠낸 거름을 가득 담아 버렸다. 탁발을 하다가 엉겁결에 발우에 거름을 받아든 노스님은 "감사합니다. 나무관세음보살!" 하고서는 허 서방의 집을 묵묵히 돌아 나왔다.

그런데 이런 모습을 바라보던 이웃집 양 서방은 스님을 불러서 집으로 모시고는, 발우를 달라고 해서 깨끗이 씻어서 새로 정성스럽게 지은 공양을 담아드리며 스님을 위로했다. 양 서방은 집안이 몰락해 비록 가난했으나, 성품이 본시 남에게 베풀기를 좋아하고 이웃이 어려움에 처하게 되면 본인의 일처럼 앞장서서 함께 돕고자 하는 성격이었다. 스님은 합장하며 말했다.

"나로 하여금 고요한 방에 있게 해주시고 짚을 한 묶음만 가져다주십시오. 그리하면 내 시주의 후한 뜻에 은혜 갚을 길이 있겠습니다."

양 서방은 영문을 모른 채 스님이 시키는 대로 했다. 방으로 들어간 스님은 잠시 시간이 지난 뒤에 양 서방을 불렀다. 양 서방이 들어가 보니 방 안에는 돈이 그득 채워져 있었다. 양 서방은 크게 놀라며 도력이 높은 스님인 줄을 알아차리고서는 맨발로 마당으로 내려가 큰절로 인사를 하며 거듭 감사해 했다.

노스님은 미소를 지으며 말했다.

"그대는 오랫동안 쌓은 선근공덕으로 마땅히 복을 받은 것이니라."

말을 마친 스님은 지팡이를 앞세우며 사라졌다. 양 서방은 이로부터 날마다 가세가 더욱 풍성해져 이웃 허 서방보다도 더 큰 부자가 되었으며, 어려운 이웃이 있으면 예전보다도 더 열심히 돕는 것을 주저하지 않았다.

양 서방이 갑자기 부자가 되고 자신의 재산은 자꾸만 줄어드는 것을 괴이하게 여기던 허 서방이 어느 날 양 서방을 만나 부자가 된 경위를 물어 자초지종을 알게 되었다. 그러자 허 서방은 양 서방에게 이렇게 부탁했다.

"그 스님을 만약 다시 보게 되면 꼭 나에게도 알려주시게."

얼마 후, 그 노스님이 다시 이 마을을 찾게 되었고, 이 소식을 전해 들은 허 서방은 반가운 마음으로 맨발로 뛰어나가 노스님을 맞이하고서는 자기의 집으로 초대했다. 그리고서는 산해진미의 진수성찬으로 대접한 뒤 엎드려 절하며 말했다.

"큰스님을 알아 뵙지 못하고 저지른 저의 과오를 크게 꾸짖어주시고 용서하여 주십시오."

그렇게 머리를 조아리며 허 서방은 비굴한 모습으로 간청했다.

"소문을 들으니 큰스님께서는 짚을 돈으로 변하게 하는 신술이 있다 하니, 엎드려 원하오니 저를 위하여 한 번 보여주십시오."

어인 일인지 노스님은 그러겠다고 흔쾌히 허락을 하셨다. 허 서방은 기뻐서 화색이 만면하여, 방을 정하고 사람을 물리는 등 양 서방이 한 것과 똑같이 준비를 했다. 그런데 노스님이 방에 들어간 지 며칠이 지나도 소식이 없었다. 허 서방은 궁금하고 답답하여 도저히 견딜 수가 없었기에 살며시 문을 열어보았다.

그런데 스님은 오간 곳이 없고 허 서방 자신과 똑같이 생긴 또 다른 허 서방이 뛰쳐나오며 허 서방을 발길로 차면서 "나는 이 집 주인인데 너는 도대체 누구며 어떤 놈이기에 주인의 허락도 없이 내 집에 있는 것이냐? 썩 내 집에서 물러가거라" 하고 삿대질을 하며 대들었다.

하도 기가 차고 어이가 없어진 허 서방은 부인과 자식을 불러 모으며 난리법석을 떨었고, 순식간에 난리가 난 허 서방의 집에서는 부인과 자식과 이웃들이 진짜 허 서방을 가리는 진풍경을 연출하게 되었다. 하지만 아무리 자세히 보고 또 자세히 살펴보아도 얼굴의 생김새와 하는 행동과 성품이 똑같아서 도저히 구별이 안 되는 것이었다.

이렇게 하여 함께 살게 된 진짜 허 서방과 가짜 허 서방은 이 집 주인은 서로 자기라며 매일같이 서로 멱살을 잡고 싸우는데, 처자와 권속들도 어찌할 바를 몰라 무당을 불러 푸닥거리를 하고 관가에 송사를 해도 해답을 찾을 길이 없었다.

이렇게 매일같이 싸우면서 재산을 축내기만 하고 가사를 돌보지 못하다 보니 허 서방의 그 많던 재산도 급기야는 모두 탕진하게 되었다.

그러던 어느 날 노스님이 다시 찾아왔다. 그리고는 두 허 서방을 불러놓고 이야기를 했다.

"그대는 그 많은 재산을 모으고도 만족스럽게 생각하지 않고, 오히려 어리석은 탐욕으로 일생을 어질지 못하게 사는 것을 부끄러워하지 않고, 또 옳지 못함을 두려워하지 아니하며, 나쁜 짓만 더욱 일삼으니 어찌 재앙이 발생하지 않겠는가."

이야기를 마친 노스님이 지팡이를 들어 가짜 허 서방을 툭 하고 한 번 치니, 곧 가짜 허 서방은 지푸라기 한 묶음으로 변했고, 진짜 허 서방만 남게 되었다. 허 서방은 가산을 다 탕진하고 난 다음에서야 비로소 눈물을 흘리며 진심으로 지난날을 뉘우치게 되었다.

발우 이야기

마치 꽃의 빛깔과 향기와 모양을 손상치 않고
꿀만을 고스란히 얻어 날아가는 벌처럼
비구는 마을에서 그 같이 탁발하여야 한다.
『숫타니파타』

발우의 유래

발우(鉢盂)는 일반적으로 사찰에서 승려가 사용하는 밥그릇을 가리키는 말이다. 발우의 어원을 살펴보면, 발(鉢)은 범어 파트라(patra)의 중국어 표기 발다라(鉢多羅)의 약칭이고, 우(盂)는 그릇을 뜻하는 한자이다.

뜻글자로 쓰면 응량기(應量器) 또는 응기(應器)라고 한다. 응량기란 양에 마땅한 그릇, 즉 먹을 만큼만 담는 그릇이라는 의미다. 또 남의 공양을 받기에 마땅한 수행과 덕을 갖춘 성현이 사용하는 그릇이란 뜻도 지녔다.

옛날 부처님께서 독룡(毒龍)을 밥그릇에 가둬 항복을 받아낸 일이 있는데, 그 밥그릇에서 유래하여 항용발(降龍鉢)이라고 부르기도 한다. 발우를 일컫는 다른 말로는 바리때, 바리, 바루, 발다라, 바루라 등이 있다.

발우의 유래는 부처님이 이 세상에 계실 때로 거슬러 올라간다. 『사분율(四分律)』 제31권에서는 최초의 발우에 대해 다음과 같이 전하고 있다.

한때, 부처님은 보리수나무 아래에서 대각(大覺)을 성취하고 선정에 들어 있었다. 마침 발리카와 타풋사라는 두 명의 상인이 부처님이 계신 곳을 지나게 되었다. 그런데 갑자기 천신이 나타나 "부처님께서 세상에 출현하셨으니 그대들은 맨 먼저 공양을 올릴지니라" 하고 말했다. 천신의 이야기를 들은 상인들은 부처님께 꿀과 보릿가루를 올렸다. 상인의 공양을 받은 부처님은 '과거의 모든 여래는 손으로 음식을 받았을까, 그릇으로 음식을 받았을까' 하고 생각했다. 부처님의 생각을 알아차린 사천왕은 저마다 황금 발우 하나씩을 만들어 올렸다.

　그러나 부처님은 "황금 발우는 받을 수 없을 뿐 아니라, 모든 보배 발우는 받을 수 없다"고 말했다. 사천왕은 다시 돌발우를 가지고 왔다. 부처님은 사천왕의 발우를 모두 받아 손바닥 위에 포개놓고 눌러 하나가 되게 하되, 공양할 때에는 발우가 각기 드러나도록 만들었다. 이렇게 해서 사합의 발우가 탄생하게 된 것이다.

발우의 재질과 구성

발우의 형상이나 용량은 경전의 기록에 따라 다소 차이가 있으며, 여러 가지로 언급되고 있다. 그러나 대체로 잡색으로 광택이 있고 용량은 2두 (斗) 정도라고 발우의 표준을 전하고 있다.

『사분율(四分律)』 제9권에는 색과 재질에 따라 여섯 가지로 열거해 놓았는데 크게 쇠발우와 진흙발우로 나눌 수 있고, 색은 비둘기와 비슷한 색이며, 금색이나 은색의 기와발우는 허락하지 않았다고 전한다.

그리고 『십송율(十誦律)』 제56권에는 금발, 은발, 유리발, 마니발, 동발, 백랍발, 목발, 석발 등 8종의 발우가 열거되어 있다. 그러나 비구들은 대체로 철발 또는 와발을 쓰고, 부처님은 홀로 석발을 사용했다고 전한다.

또 『마하승기율(摩訶僧祇律)』 제29절에 발우의 색은 공작새의 색깔, 가릉빈가(迦陵頻伽, 사람의 머리에 새의 몸을 하고 있는 상상의 새)의 색깔, 비둘기의 색깔 등 세 가지 색을 불에 쪼여 만들어낸다고 한다. 그러나 이것은 매우 추상적인 색깔이고, 다만 철발은 불에 다섯 번 쪼여서 색깔을 내고 토

발은 불에 두 번 쪼여서 색깔을 낸다고 한다.

또한 발우는 용량에 따라 상발(上鉢), 중발(中鉢), 하발(下鉢)로 구분된다. 부처님 당시에는 큰 발우 하나를 사용했으며, 현재 인도나 남방불교 계통에서는 아직도 걸식할 때 하나의 발우를 사용하고 있는데 대부분 철발우다.

그러나 부처님이 열반한 후 불교가 여러 나라로 전파되면서 그 나라의 환경이나 상황에 따라서 발우의 종류도 다양해졌다. 현재 우리나라에서는 가볍고 실용적이라는 점 때문에 나무로 만든 발우를 주로 사용하고 있으며, 어시발우, 1분자(국 발우), 2분자(반찬 발우), 3분자(청수 발우)의 4개가 1조로 되어 있다.

그리고 발우수건, 발우보, 무릎수건, 발단, 수젓집, 생반대 등의 도구가 있다. 발우수건[鉢巾]은 발우를 닦고 덮는 수건으로 행주의 역할을 겸하며, 무릎수건은 옷에 반찬 국물 따위가 떨어지지 않도록 무릎에 펴놓는 수건, 즉 냅킨에 해당한다. 그리고 수젓집은 수저를 넣는 주머니이며, 발단은 발우를 펼 때에 맨 밑에 까는 것으로 밥상 역할을 한다.

수행의 매개, 그리고 전법도구로서의 발우

발우는 밥그릇 이상의 의미를 지니고 있다. 바로 수행의 매개이며, 또한 전법(傳法)의 상징인 것이다.

부처님 당시 출가자들에게 있어 가장 기본이 되는 생활원칙 중 하나가 걸식이었다. 『사분율』에서는 '출가자는 걸식으로 살아가야 하며 목숨이 다할 때까지 여기에 힘써야 한다'고 강조한다. 그리고 비구는 걸사(乞士)라 번역하며, 걸구(乞丘)라 하여 밖으로 밥을 빌어 육신을 유지하고 안으로 법을 구하여 법신(法身)을 증득한다는 설명으로 걸식의 의미를 부여했다.

부처님을 비롯해 수많은 출가자들은 매일 아침 발우를 들고 탁발을 다녔다. 걸식할 때에는 위의(威儀)를 엄정하게 하고 빈부를 가리지 말고 차례로 걸식해야 하며, 발우가 다 차지 않았다 하더라도 먹을 양이 되면 돌아와야 하고, 주지 않더라도 억지로 달라고 애걸하지 말아야 했다. 또 재가자들은 스님들에게 음식을 공양하는 것을 한량없는 공덕으로 여겼다.

'부처님 때부터 우리에게까지 전해진, 적당한 양을 담을 수 있는 그릇을 내가 이제 받아 펴오니 원컨대 모든 중생으로 하여금 보시하는 사람, 보시받는 사람, 보시한 물건이 함께 청정하게 하소서.'

이는 스님들이 공양 때마다 송(誦)하는 전발게(展鉢偈)다. 발우를 펴 공양을 하는 와중에도 또한 모든 인연에 감사하는 마음을 잊지 않고 많은 중생에게 복과 이익을 나누어주며, 탐욕과 집착을 제거하기 위한 수행의 연장선으로 여기는 일, 그 또한 부처님의 가르침이다.

이처럼 공양은 도를 구하는 법식이니, 발우는 소욕지족(少慾知足)과 하심(下心)을 실천하는 수행자의 표상인 것이다.

또한 발우는 공양에 관련된 것에 그치지 않고 또 하나의 중요한 의미를 지니고 있는데, 바로 부처님의 법을 마음에서 마음으로 잇는 선종에서 단순한 식기가 아니라 법기(法器)로써 법을 전승하는 역할을 했던 것이다.

영산에서 범왕이 석가에게 설법을 청하며 연꽃을 바치자, 석가가 연꽃을 들어 대중들에게 보였다. 사람들은 그것이 무슨 뜻인지 깨닫지 못했으나 가섭만은 참뜻을 깨닫고 미소를 지었고, 이에 석가는 가섭에게 정법안장(正法眼藏, 사람이 본래 갖추고 있는 마음의 묘한 덕)과 열반묘심(涅槃妙心, 번뇌와 미망에서 벗어나 진리를 깨닫는 마음), 실상무상(實相無相, 생멸계를 떠난 불변의 진리), 미묘법문(微妙法門, 진리를 깨닫는 마음) 등의 불교 진리를 전해 주었다.

이 일화는 선종에서 선(禪)의 기원을 설명하기 위해 전하는 이야기로, 몸소 체득한 깨달음의 진리는 말만으로는 표현할 수 없으며, 마음에서 마음으로 전해지는 것임을 부처님께서 몸소 보이신 것으로, 부처님의 법이

석가모니가 영산회상에서 연꽃을 들어 보이자 가섭만이 그 뜻을 알고 미소를 지었다.

가섭에게로 전수되었음을 보여주는 대목이다. 즉 부처님은 형상 없는 마음으로 깨달은 마음자리를 가섭에게 삼처전심(三處傳心)으로 전하셨으니, 이는 이후 스승과 제자 사이에 법이 전수되는 사자상승(師資相承) 전통의 밑바탕이 되고 있다.

이렇게 석가모니 부처님의 법을 이은 제1조 가섭 존자로부터 중국의 6조 혜능 대사에게 이르기까지 전래된 조사들의 호칭만 간단하게 살펴보면 다음과 같다.

제1조 가섭	제2조 아난	제3조 상나화수	제4조 우바국다
제5조 제다가	제6조 미차가	제7조 파수밀	제8조 불타난제
제9조 복수밀다	제10조 협존	제11조 부나야사	제12조 마조 대사
제13조 가비마라	제14조 용수 보살	제15조 가나제파	제16조 나후라다
제17조 승가난제	제18조 가야다사	제19조 구마라다	제20조 사야다
제21조 파수만두	제22조 마노라	제23조 학륵나	제24조 사자비구
제25조 비사다마	제26조 불여밀다	제27조 반야다라	제28조 보리달마

앞에서 살펴보았듯이 가섭은 석가모니 부처님의 첫 번째 전법제자가 되며, 28조 보리달마는 520년경에 중국으로 건너와 선법을 전수하고 중국 선종의 초조(初祖)가 된다. 이로써 부처님의 전심의 가르침이 중국에 이르리 선종이라는 새로운 기풍을 일으키게 된 것이다.

그리고 달마 선사의 법은 2조 혜가(慧可)에게로 전해지며 이후 3조 승찬

(僧璨), 4조 도신(道信), 5조 홍인(弘忍)을 거쳐 6조 혜능(慧能)에 이르러 중국의 선종은 크게 번성하게 되는데, 이들 모두를 합쳐 삽삼조사(卅三祖師)라 한다.

그리고 각종 문헌에서 이들이 법을 전해 내려가는 과정을 보여주고 있는데, 이렇게 법을 이어가는 과정에서 가사와 발우를 스승이 제자에게 법을 전하는 상징적인 증표로 자신의 법과 함께 전하고 있음을 볼 수 있다.

그러나 이러한 의발(依鉢)의 전수는 6조 혜능에 이르러 그친다. 5조 홍인이 제자인 혜능에게 의발을 전하면서, 의발을 전하며 법을 전수하는 것이 분쟁의 여지가 있으니 다시는 다른 사람에게 전하지 말라고 당부했기 때문이다.

비록 혜능에 이르러 더 이상의 전승이 사라졌다고는 해도, 법을 이어가는 과정에서 발우와 가사가 그 법의 정통성을 증명해 주는 도구이자 법을 전하는 증표로 사용되면서 중국 초기 선종사에 있어서 선이 뿌리내리고 번창하게 하는 데 발우가 큰 기여를 했음을 알 수 있고, 현재도 우리나라에서는 발우를 비롯한 각종 승물을 스승이 제자에게 전수하고 있다.

미얀마 종정 우 꾸마라 스님으로부터 발우를 기증받고 있다.

발우로 전해진 불법 이야기

부처님이 가섭을 통해 미륵불에게 의발을 전하라고 부촉하는 장면과, 중국 선종 초조 달마에서부터 6조 혜능에 이르기까지, 각 선사들이 법을 전하는 장면을 이제부터 『미륵하생경』『경덕전등록』『역대법보기』『능가사자기』『육조단경』 등을 통해 살펴보기로 하자.

먼저 석가모니 부처님께서는 열반에 들기 얼마 전에 가섭 존자를 불러 이렇게 말한다.

"56억 7천만 년 후 미래세에 미륵 부처님이 이 세상에 오실 것이니, 가섭은 미륵불이 출현할 때까지 세상에 남아 있다가 내 법(法)의 신표인 발우(鉢盂)와 가사(袈裟)를 미륵 부처님께 전하라."

이후 가섭 존자는 석가모니 부처님의 가사 및 발우와 함께 유훈을 수지하고, 계족산의 동굴 속에서 미륵 부처님의 출현을 기다리고 있다고 한다.

보리달마[菩提達磨]는 남인도 향지국의 셋째 왕자로 계급은 '찰제리[刹帝利, 인도 카스트 제도에서 두 번째 지위인 왕족과 무사 계급]'이다. 어느 날, 반야다라라고 하는 고승이 널리 가르침을 베푼다는 말을 듣게 된 향지국의 국왕은 고승을 왕궁으로 초청해 가르침을 받고는 공양을 극진히 대접하고 신자가 되었다.

이 국왕에게는 세 명의 아들이 있었는데 장남인 월정다라는 염불삼매의 행을 닦았고, 둘째 공덕다라는 백성에게 봉사하는 것을 기쁨으로 여겼으며, 셋째 보리다라는 부처님의 가르침을 해석하는 데 뛰어나고 총명해 백성들로부터 칭송이 자자했다. 이에 반야다라는 세 왕자의 지혜를 시험해 보기 위해 질문을 던졌다.

"이 세상에서 향지국 최고의 보배인 이름 없는 보석보다 더 훌륭한 것이 있겠습니까?"

먼저 월정다라가 대답했다.

"이 이름 없는 보석은 우리나라 최고의 보배입니다. 이 세상에 이보다 더 훌륭한 것이 있을 리 없습니다."

공덕다라 역시 같은 말을 했다. 그런데 보리다라만은 다른 대답을 했다.

"스승님, 이런 보석은 감히 최상의 보물이라고 할 수 없습니다. 이 보석은 가지고 있는 사람만을 기쁘게 할 뿐입니다. 세상에서 제일가는 보배는 여러 가지 법 중에서 가장 수승한 부처님의 가르침이 최고이고, 사람이 지닌 뛰어난 여러 가지 능력 중에서는 지혜가 가장 소중합니다. 그리고 지혜 중에서도 마음의 지혜가 최상이라고 생각합니다. 그러므로 이 세 가지 보배로움이 가장 훌륭하다고 생각합니다."

반야다라는 그가 큰 그릇임을 알고 크게 칭찬했다. 얼마 후에 국왕이 승하하자 보리다라는 반야다라에게 출가하여 불법을 배우게 되었는데, 이에 이름을 보리달마라고 지었다.

어느 날 반야다라 존자는 달마를 불러 말했다.

"내가 이제 이 정법안장을 그대에게 주노니, 나의 게송을 들으라."

그러면서 다음과 같은 게송을 읊었다.

심지(心地)에서 모든 종자가 나되

일[事]에 인(因)하고 이치[理]에 인하기도 한다

결과가 차면 보리도 원만해지리니

꽃이 필 때엔 세계가 일어난다

그리고 반야다라는 열반에 이르러 달마에게 다음과 같은 유언을 남기며 입적했다.

"내가 죽은 후 남쪽에 머무르지 말고 네가 오기를 기다리는 사람들이 있는 중국이라는 나라의 북쪽으로 가서 불법을 전하도록 하여라."

이에 달마는 스승의 명을 받아 중국으로 향했다.

한편 불심존자라고 스스로 칭하던 무제는 천축국의 법왕이 도착했다는 소식을 접하고 크게 흥분하여 달마 대사를 궁궐로 초청했다. 무제는 달마 대사에게 자신의 공덕을 자랑하려고 이렇게 물었다.

"나는 지금까지 많은 절과 탑을 쌓으며 불사를 했고, 경문을 직접 옮기기도 했으며, 또한 많은 승려를 출가하게 했소. 이러한 나의 공덕은 얼마나 될 것 같소?"

무제는 은근히 법왕이라는 달마로부터 '황제의 선행과 공덕이 넓고도 크므로 부처님으로부터 한량없는 가피가 있을 것입니다' 라는 대답을 기대하고 있었다. 하지만 이와 달리 달마는 "공덕이 하나도 없습니다"라고 딱 잘라 말했다.

무제는 놀라서 물었다.

"어째서 그렇단 말이오? 이 정도의 일이 아무것도 아니라면 그건 말이 되지 않소."

이에 달마가 대답했다.

"그런 일은 할 수 있는 사람이 하는 것이 당연합니다."

황제는 이러한 대답을 듣고는 화가 치밀어 가만히 있을 수 없어 다시 물었다.

"그렇다면 진정한 공덕이란 무엇을 가리키는 것이오?"

달마가 대답했다.

"마음과 지혜가 완전히 하나가 되어 아무런 번뇌가 없는 것입니다."

무제를 만난 달마는 아직 이곳에 불교를 널리 전할 분위기가 성숙하지 않은 것을 깨닫고는 조용히 양나라를 떠나 양자강을 건너 숭산 소림사에서 9년 동안 면벽(面壁)을 하게 되었다. 그러던 중에 제자 혜가를 만나 법을 전하게 되니 달마를 초조로 선종의 역사가 여기서부터 시작되었다.

달마 조사의 법을 이은 2대 조사 혜가는 향산사에서 보정 스님에게 머리를 깎고 출가했다. 그러던 어느 날 밤, 신인(神人)이 나타나서 깨달음을 얻으려면 남쪽으로 가라는 말을 그에게 전했다. 이에 그는 자신의 이름을 신의 계시를 받았다는 의미의 신광(神光)이라고 바꾼 뒤 남쪽으로 향하게 되었다.

남쪽으로 내려간 그는, 부처님의 정법을 이어받은 천축(天竺, 인도)의 28대 조사인 달마 스님이 숭산의 소림굴에서 오직 벽을 마주하고 9년 동안 꼼짝도 않고 앉아 있다는 이야기를 듣고 그에게 법을 구하러 찾아갔다.

짧은 겨울 해는 서산을 넘어가고 산중에는 눈발이 찬바람을 타고 세차게 몰아치는데, 신광은 달마가 좌선하고 있는 컴컴한 굴 앞에서 무릎을 꿇고 제자가 되기를 간청했다. 밤은 점점 깊어가고 펑펑 내리는 함박눈이 꿇어 앉아 있는 그를 온통 뒤덮어 눈사람이 되어갈 무렵이었다. 그때 동굴 안에서 벽을 향해 꼼짝도 않던 달마 대사가 몸을 빙그르 돌려서 형형한 눈빛으로 젊은이를 바라보며 물었다.

"그대는 무슨 일로 여기에 왔는가?"

"대사님의 가르침을 받고자 왔습니다. 저를 제자로 받아주십시오."

"제자가 되어서 무엇을 하려고 그러는가?"

"정법을 구하기 위함입니다."

"불법을 얻는다는 것은 결코 쉬운 일이 아니다. 부처님을 비롯한 역대 조사와 보살들은 정법을 얻기 위하여 몸과 목숨을 아끼지 아니하였다. 그래, 너는 무엇으로 그 증표를 보이겠는가?"

신광은 어찌해야 좋을지 몰라 아무 말도 못하고 가만히 있었다. 달마도 아무 말 없이 그의 침묵을 지켜보았다. 이윽고 신광은 품속에서 날카로운 빛이 번득이는 비수를 꺼내어 높이 쳐들더니 자신의 팔을 힘껏 내리쳤다. 그러자 신광의 팔은 그의 몸에서 떨어지고 피가 흘러 하얀 눈밭을 붉게 물들였다. 달마는 그제야 그의 굳건한 의지를 확인하고 제자로 받아들이고 법명을 혜가라 지어주었다.

자신의 팔을 자르고 달마의 제자가 된 혜가는 부처님의 정법이 무엇인지를 알고자 머리에 붙은 불을 끄듯이 맹렬히 정진했으나, 불법이 무엇인지 도무지 찾을 수 없었고 오히려 마음이 괴롭고 불안해 스승을 찾아가 문을 두드렸다.

"무슨 일이냐?"

"스승님, 제 마음이 편치 않습니다. 마음을 편안케 해주십시오."

"편치 않은 마음을 내 앞에 가져오너라. 그럼 내가 너의 마음을 편안케 해주겠노라."

혜가는 불안한 마음을 찾으려고 애썼지만 아무리 애를 써도 불안한 마음을 찾을 수가 없어서 스승께 사실대로 말했다.

"아무리 찾아보아도 불안한 마음이 어디에 있는지 찾을 수가 없습니다."

"그래. 내 이미 너를 편안케 하였느니라."

이 말 끝에 혜가는 크게 깨달음을 얻었다. 혜가는 달마 대사를 6년 동안 모신 뒤 스승 달마로부터 대오를 인가받게 되었다. 이때 달마 대사는 제자 혜가에게 이렇게 말했다.

"너는 나의 골수를 얻었다. 옛날 여래께서 정법안장을 마하가섭에게 전하여 점점 내려와 나에게 이르렀다. 이제 그 진리를 너에게 전한다. 이것은 나의 심요(心要)이니 잘 받아 지니도록 해라."

그러면서 아울러 의발(衣鉢)을 전해 주며 법의 증표로 삼았다. 그리고 다음과 같은 게송을 지어주었다.

내가 본래 이 땅에 온 것은
법을 전해 어리석은 이를 제도하려는 것이니
한 송이의 꽃에서 다섯 꽃잎이 벌어져
열매는 자연히 이루어지리라

이렇게 달마 대사로부터 법을 이어받아 중국 선종의 2대 조사가 된 혜가 대사는 34년 동안 업도에 머물며 설법하다가, 제자 승찬에게 법을 전하고, 그 이듬해에 그의 나이 107살이 되어 입적했다.

3조 승찬(僧璨) 대사는 그 출생지와 연령을 정확히 알 수 없는 분으로, 중국의 삼국시대가 끝나고 남북조시대라고 하는 극히 혼란스러웠던 때에 문둥병을 얻어 고생하던 몸으로 혜가를 만나 법을 전해 받아서 선종의 3조가 되셨다.

어느 날 한 거사가 혜가 대사를 찾아와 말했다.

"저는 문둥병이라는 악병을 앓고 있사오니 스님께서 저의 죄를 참회하게 해주소서."

혜가 대사가 말했다.

"그대의 죄를 가져오너라. 그리하면 너의 죄를 참회시켜 주리라."

"죄를 찾아보아도 찾을 수가 없습니다."

"그렇다면 그대의 죄는 참회되었느니라. 그대는 지금부터 불법승 삼보에 의지하여 안주하라."

"지금 스님을 뵈옵고 승보(僧寶)는 알았으나 어떤 것을 불보(佛寶), 법보(法寶)라 합니까?"

"마음이 부처이며 마음이 법이니라. 부처와 법은 둘이 아니요, 승보도 또한 그러하다. 그대는 알겠는가?"

"오늘에야 비로소 죄의 성품이 마음 안에도 밖에도 중간에도 있지 않음을 알았으며 마음이 그러하듯 불보와 법보도 둘이 아닌 줄 알았나이다."

이런 문답 끝에 거사가 그 자리에서 홀연히 깨달으니 대사가 이르기를

통도사 봉발탑

“너는 나의 보배이니 구슬 찬(璨) 자를 써서 승찬이라 하라” 하고, 그해 구
족계를 받게 하여 제자로 삼았다.

혜가 대사가 어느 날 승찬을 불러 말했다.

“보리달마가 멀리 천축에서 와서 정법안장을 은근히 나에게 전하셨는
데, 내가 이제 달마의 가사와 발우를 전하니, 그대는 이 법을 잘 지키어 끊
이지 않게 하라. 나의 게송을 들으라.”

그러면서 다음과 같은 게송을 지어주었다.

본래부터 인연이 있었기에

그 땅에 씨를 심어 꽃이 피지만

본래 종자도 있는 것 아니며

꽃도 나는 것 아니다

승찬 대사는 혜가 대사로부터 법을 물려받은 후 완공산에 은거하며 수
행을 점검하여 보림에 진력했다. 그러다가 수(隋)나라 문황제가 대회제를
열었을 때 참석해 법문을 펼쳤고, 법문이 끝나자 홀연 입적했다. 입적에
앞서 승찬 대사는 이렇게 말했다.

“모든 세상 사람들은 좌선에 든 채로 좌탈망하는 것을 우러러보고 기이
하게 여길 것이나 나는 이제 선 채로 죽으려 한다. 나는 생사를 자유롭게
할 수 있다.”

말을 마친 후 승찬 대사는 한쪽 손으로 회의장 앞의 나뭇가지를 잡고 조

용히 선 채로 입적했다.

승찬 대사는 또 그 유명한 「신심명(信心銘)」이란 시문을 남기셨는데, 이 「신심명」은 중국 선승이 찬술한 최초의 글로, 수행자가 처음 발심해서 구경성불에 이르는 과정을 서술한 명문이다. 선수행자의 필수적인 좌우명으로 전승되어 오고 있다.

「신심명」은 비록 짧은 글로 이루어져 있으나, 그 의의에 있어서는 부처님 일대의 8만 4천 법문 설법을 위시하여 역대 조사들의 1천 7백 공안(公案)까지도 다 내포하고 있다. 이는 달마가 전한 대승선의 오묘한 이치가 명확하게 설파되었다고 할 것이며, 실로 선종사에서 있어 획기적인 불법의 요약이요, 조사선의 귀결이라 할 수 있을 것이다.

도신 대사

도신 대사가 승찬 대사를 처음 참방했을 때 도신은 열세 살밖에 안 되는 어린 사미로, 승찬 대사를 뵙고 가르침을 간청했다. 이에 승찬 대사가 물었다.

"너는 여기 와서 도대체 무엇을 가르쳐달라 하느냐?"

"사람의 고뇌 속에서 해탈하는 묘법을 배우고자 하나이다."

"해탈이라니, 너를 누가 얽어매기라도 했느냐?"

"그렇지는 않사옵니다. 저를 얽어맨 사람은 없습니다."

"이미 얽어매지 않았다면 다시 무슨 해탈을 구하느냐?"

"아! 스님. 이제 깨달은 바가 있사옵니다."

이렇게 문답하며 두 사람은 스승과 제자의 연을 맺었고, 도신은 승찬 대사의 문하에 들어가 쉼 없이 선을 실천 수행한 끝에 법을 잇게 되었다.

승찬 대사는 자신의 스승 혜가 선사에게 받은 의발과 전법게를 도신에게 전하면서 다음과 같은 게송을 읊었다.

꽃씨는 땅을 의지해 심고

땅을 의지하여 꽃씨는 피어나지만

종자를 뿌리는 이가 없으면

꽃도 땅도 피어나지 않으리라

승찬 대사는 제자 도신에게 마지막으로 이렇게 말했다.

"옛날 혜가 대사가 달마 대사에게 법을 받은 뒤에 바로 업도(鄴都)로 가서 삼십 년 동안 중생들을 교화하다가 입적하셨는데, 나는 그대를 만나 법을 전했거늘, 어찌 여기서 더 묵고 있으랴."

이렇게 법을 전한 승찬 대사는 나부산(羅浮山)으로 떠났다.

어느 날 도신 대사는 황매산 노상에서 골격이 특이하게 생긴 소년을 발견했다. 이에 도신 대사는 '저 아이는 큰 법기임에 틀림없으니 한번 다루어 보리라' 생각하고 이렇게 물었다.

"네 이름이 무엇이냐?"

이에 홍인이 대답했다.

"제 이름 말입니까? 제게는 본성이 있는데 그 본성으로 말씀드리면 정한 성이 없습니다."

다시 도신 대사가 물었다.

"그러면 그것은 어떠한 성인고?"

"굳이 이름을 붙인다면 불성(佛性)이라 할 수 있습니다."

이에 도신 대사가 다시 물었다.

"그러면 네 이름은 무엇이냐?"

"제 본성이 공(空)하니 이름은 무(無)입니다."

도신 대사는 이 대답을 듣고 그가 큰 법기임을 알아보고 곧 제자로 삼았다. 홍인 대사는 이렇게 일곱 살 때 도신 대사를 만나 삼십 년간 섬기며 법을 인가받아 5조가 되었다.

도신 대사는 홍인에게 법을 전하면서 다음과 같이 게송을 하였다.

꽃 종자는 출생하는 성질이 있으나

땅을 인연하여 꽃이 출생할 수 있나니

큰 인연이 도신과 화합하였으며

마땅히 출생하면서 출생하지 않은 것이니라

법을 이어받은 홍인 대사는 스승 도신 대사가 입적한 뒤에는 파두산 동방에 있는 황매 빙매산에 주석하면서 법을 지도하니, 원근에서 모여드는 상주 수선자(修禪者) 대중이 700명에 이르렀다. 5조 대에 와서 생긴 또 하나의 특기할 점은 달마 이후로 전수되어 온 『능가경』 외에 『금강경(金剛經)』을 선종의 소의경전으로서 존귀하게 삼았다는 점이다.

선(禪)의 종풍을 크게 일으킨 홍인 대사는 고종황제의 부름을 받았으나 나가지 않고 홀로 선에 전념하여 후학을 지도하다가 능 행자를 6조로 삼아 법을 전한 뒤 앉은 채 선정에 들어 입적했다.

혜능 대사

혜능(惠能) 대사는 당나라 태종(太宗) 정관(貞觀) 12년, 남해(南海) 신흥(新興)의 빈농의 아들로 태어났다. 속성은 노(盧) 씨이며 어려서 아버지를 잃은 뒤, 소년 시절부터 나무를 해서 시장에 내다 팔아 늙은 어머니를 효성으로 봉양했다. 교육을 받은 일은 없으나 그 마음은 진실하였고 비범한 데가 있었다.

성철 스님의 일원상

어느 날 시장으로 나무를 팔러 가다가 반점가(여관 음식점 거리)에서 객승이 경을 독송하는 소리를 듣게 되어 나뭇짐을 벗어놓고 자세히 듣다가 '응무소주 이생기심(應無所住 而生其心, 마땅히 머문 바 없이 그 마음을 내라)'이라는 경문에 이르러 홀연히 마음이 열리게 되었다.

독경하는 객승에게 "지금 읽는 책이 무슨 책이냐?"고 물으니 『금강경』이라 했다. 나무장사 능(能)은 그 객승에게 『금강경』 배우기를 간청하며 자기가 조금 전에 들은 바에 대한 느낌을 이야기하니, 그 스님은 5조 홍인 대사를 찾아가라고 소개해 주었다. 그러나 소년 능은 늙은 어머니의 생계를 걱정하며 멀리 빙매산까지 갈 수 없음을 한탄했다. 이때 그 객승은 능의 진실한 구도심과 비범한 태도를 살피고 느낀 바 있어 금자 한 덩어리를 내주며 "이 금자의 일부로 너의 여비에 쓰고, 나머지로는 네가 공부를 마칠 때까지 어머니 생활에 쓰도록 하라" 하였다. 이에 능은 감격하여 눈물을 흘리며 감사를 전한 뒤 집에 돌아와 늙은 어머니에게 출가의 허락을 얻고 홍인 대사를 찾아 빙매산으로 향했다.

당시 홍인 대사는 700여 명의 문도들을 거느리고 종풍(宗風)을 크게 드날리고 있어 사방에서 뛰어난 수행자들이 구름같이 모여들었다. 능이 5조 홍인 대사를 처음 뵙고 아뢰었다.

"화상의 높은 도를 배우려 하오니 가르쳐주십시오."

이에 홍인 대사가 물었다.

"어디서 왔는가?"

능이 대답했다.

“영남에서 왔습니다.”

홍인 대사가 다시 물었다.

“영남인은 오랑캐인데 어찌 성불하겠는가?”

이에 능이 대답했다.

“사람에게는 남북이 있겠지만 불성에야 어찌 남북이 있겠나이까?”

홍인 대사는 이 몇 마디 말로 능이 큰 그릇인 줄 알아보고 다른 학인들의 위해를 염려하여 큰소리로 꾸짖듯 “방앗간에 가서 일이나 하라”고 몰아내었다. 이렇게 하여 능은 노(盧) 행자가 되어 방아를 찧으면서 세월을 보내게 되었다. 어느 날 홍인 대사가 문하의 대중을 모아놓고 중대한 포고를 했다.

“대중은 각자의 깨달은 바를 나에게 보이라. 나의 뜻과 계합하면 의발(衣鉢)과 법을 전하여 제6조를 잇게 하리라.”

그 당시 대중들은 모두 5조의 법을 이어 6조가 될 사람은 오직 신수 스님일 것이라고 추측했다. 그는 홍인 대사 문하의 수좌로, 학덕이 출중하며 대중의 존경을 한 몸에 받아왔기 때문이었다.

그러나 신수도 스승 앞에 직접 나아가 깨달음을 보일 만한 확실한 자신이 없었기 때문에 홍인 대사와 대중들이 지나다니는 벽에다가 이름을 밝히지 않고 다음과 같은 게송을 지어 붙였다.

身是菩提樹(신시보리수)

心如明鏡臺(심여명경대)

時時勤拂拭(시시근불식)

勿使惹塵埃(물사야진애)

몸은 깨달음의 나무요

마음은 밝은 거울과 같으니

수시로 부지런히 털고 닦아

티끌 때가 끼지 않게 하라

홍인 대사는 이 게송을 보고 대중에게 "후학들은 이 게송을 따라 그대로 수행하면 훌륭한 과를 얻을 것이다"라고 말씀하셨다. 그때 노 행자는 여전히 방아만 찧다가 어느 사미승이 외우는 신수 대사의 게송을 듣고 이렇게 평했다.

"그 어구는 매우 훌륭하나 아직 깨달음의 진의는 증득하지 못하였구나."

사미승은 글 한 줄 모르는 노 행자가 신수 스님의 게송을, 그것도 5조 홍인 대사가 칭찬한 게송을 비평하는 것이 어이가 없었다. 나아가 노 행자는 사미승에게 받아 적게 하여 자신의 게송을 신수 스님의 게송 옆에 써 붙이게 했다.

菩提本無樹(보리본무수)

明鏡亦非臺(명경역비대)

本來無一物(본래무일물)

何處惹塵埃(하처야진애)

보리는 본래 나무가 없고

거울 또한 받침대가 없네

본래 한 물건도 없거늘

어느 곳에 때와 티끌이 끼리오

이것을 본 대중들은 '신수 대사의 게송보다 더 잘된 것 같다'며 수군대었다. 그러나 홍인 대사는 노 행자의 이 게송을 신발로 문질러 지우면서 "이 게송은 아무것도 아니다"라고 평하고 대수롭지 않은 듯 조실방(祖室房)으로 들어가 버렸다. 그리고는 얼마 있다가 슬그머니 방앗간으로 가서 방아를 열심히 찧고 있는 노 행자에게 물었다.

"쌀은 다 찧었느냐?"

이에 노 행자가 대답했다.

"예. 쌀은 다 찧었으나 아직 키질을 하지 못했나이다."

여기서 쌀을 다 찧었느냐는 질문은 깨달음을 얻었느냐는 뜻이고, 키질을 하지 못했다는 말은 마지막 점검만 남아 있다는 의미이다.

이에 홍인 대사는 주장자로 방아 머리를 세 번 치더니 뒷짐을 지고 가버렸다. 그 뜻을 알아챈 노 행자는 삼경에 뒷문으로 조실방을 찾아갔다. 이렇게 주장자로 방아 머리를 세 번 친 것은 삼경을 의미하는 것이고, 뒷짐은 조실방의 뒷문을 의미하는 것이었다.

이날 밤 조실방에서는 비밀리에 6조 인가의식이 펼쳐졌다. 병풍을 둘러쳐 불빛을 가리고 은밀히 마주앉은 홍인 대사는 자비와 엄숙한 위의를 갖추고 노 행자 능에게 『금강경』의 대의를 강설한 후, 이어서 노 행자에게 역대 조사들로부터 전수되어 온 가사와 발우를 증표로 주며 정법안장을 내려 인가했다. 그리고 이렇게 말했다.

"모든 부처님이 이 세상에 출현하시는 것은 일대사를 위한 것이다. 무상하고 미묘하여 원만하고 진실한 정법안장은 일찍이 부처님께서 상수인 대가섭에게 부촉하셨고, 그 선법이 나에게까지 전해져 내려온 것이다. 이제 이 법보와 의발을 너에게 부촉하니 너는 잘 보존하여 단절되지 않게 하라. 그리고 내 게송을 들어라."

유정(有情)이 와서 씨를 뿌리니
인연의 땅에 열매 절로 열리네
무정(無情)은 이미 종자가 없으므로
성품도 태어남도 없도다

혜능이 다음과 같이 물었다.
"제가 법은 이미 받았으나 뒷날 이 의발을 어떻게 전해야 하겠습니까?"
이에 홍인 대사가 대답했다.
"옛적에 달마 대사는 처음에 이곳에 와서 사람들이 신뢰하지 못하므로 의발을 전하면서 법을 전했다고 하지만, 이제는 신심이 이미 숙달하였고 의발은 분쟁의 여지가 있으니 너에게서 그치도록 하는 것이 좋겠다. 다시는 다른 사람에게 전하지 말라."

그리고는 6조의 법맥을 잇게 된 혜능으로 하여금 야밤에 황매산을 몰래 떠나라 하였다. 6조가 된 노 행자는 홍인 대사에게 하직 인사를 드리고 곧 황매산을 밤중에 떠나게 되었다.

이튿날 늦게야 이 사실을 알게 된 대중들은 의발을 찾기 위하여 앞을 다투어 노 행자를 쫓게 되었다. 그 가운데 능의 뒤를 제일 앞장서서 쫓고 있는 이는 혜명이라는 스님(후에 도명 대사)으로, 그는 원래 무장 출신으로 체격이 우람하고 대중 가운데 제일 날쌔고 힘이 센 승려였다. 그는 마침내 대유령이라는 큰 고개에 이르러 능의 뒷모습을 바라볼 수 있는 거리까지 쫓아와서 "노 행자는 의발을 거기 놓아라" 하고 소리쳤다. 능은 곧 의발을 큰 바위에 얹어놓고 몸을 숨긴 채 소리쳤다.

"이 의발은 석가세존으로부터 전해진 전법의 신표인데, 어찌 힘으로 뺏을 것인가? 그대가 힘으로 가져갈 수 있거든 원대로 가져가 보거라."

달려온 혜명은 희색이 만연하여 의발을 집으려 했으나 웬일인지 의발은 바위에서 떨어지지 않았다. 장사인 그는 바위라도 뽑을 듯 있는 힘을 다했으나 허사였다. 그는 점차 두려운 생각이 들면서 잘못을 깨닫고 마침내 무릎을 꿇고 합장하며 간청했다.

"노 행자님, 소승은 결코 의발을 탐내어 쫓아온 것이 아니오며, 오직 불법을 구하고자 했을 뿐이오니, 원컨대 저를 불쌍히 생각하시어 법을 가르쳐주시옵기 바라옵니다."

그제야 몸을 숨기고 있던 혜능은 몸을 나타내어 바위 위에 단엄하게 앉아 말했다.

"갸륵하오. 그대가 진정으로 법을 구한다면 기꺼이 법을 설해 주리다."

혜명은 6조의 숭고한 모습에 존경과 믿음으로 환희하는 마음을 내어 세 번 절한 뒤 합장하고 숙연히 기다렸다. 이에 6조가 말했다.

"선도 생각하지 말고 악도 생각하지 말라〔不思善不思惡〕. 이러한 때에 그대의 진면목은 무엇인가?"

이 한마디에 혜명은 활연히 깨닫는 바가 있었다. 그는 다시 절을 하고 물었다.

"예로부터 전해 오는 밀어밀의(密語密意) 외에 또 다른 의지(意旨)가 더 있습니까?"

이에 혜능이 대답했다.

"내가 지금 설한 것은 결코 밀의가 아니요, 밀의는 그대 스스로의 면목을 마음으로 밝혀 보는 바로 그곳에 있노라."

이렇게 하여 혜명은 천만 가지 망상이 모두 쉬어, 생각이 끊어진 자기 본래면목이 드러난 경지를 얻었고, 불법의 비밀한 뜻은 태어나기 전부터 있는 본래의 실상인 마음을 밝혀보는 데 있음을 깨달았으며, 그 뒤 법명을 '혜' 자를 쓰지 않고 도명이라 고치게 되었다.

6조 노 행자는 남으로 내려가 산 속에서 15년간 은둔한 뒤 때가 되었음을 알고 광주의 법성사에 이르게 되었다. 그때 마침 승려들은 '깃발이 움직이는가, 바람이 움직이는가?' 하는 문제로 논쟁을 벌이고 있었다. 6조는 이것을 보고 '깃발이 움직이는 것도 아니요 바람이 움직이는 것도 아니다. 오직 그대들의 마음이 움직일 뿐이다'라고 설파했다.

이 광경을 보고 있던 주지 인종 법사가 노 행자가 범상한 인물이 아님을 간파하고 곧 강의를 청하니, 그 현현밀밀한 설법에 감복하지 않을 수 없었다. 그리고 6조가 아직 속인인 것을 보고는 삭발하고 구족계를 받게 하여 혜능(慧能) 대사라 일컫게 되었다.

이후 혜능은 남쪽 지방을 순례하며 불법을 전파했고, 소주 동남쪽 조계산에 머물러 수행법의 혁신을 주창했다. 한편 신수는 형남 당양현 옥천사에 머물러 혜능과는 다른 정통을 고수하기를 주장하는 자기의 사상을 전파했다. 혜능이 남쪽, 신수가 북쪽에 있었기 때문에 이들을 일러 각기 남종과 북종이라 했으며, 그 영향은 문화 예술에까지 미치게 되었다.

· 네 번째 마당 ·

세계 스님들의 발우

밥을 먹을 때는 몸과 마음 전체가 밥이 되어 밥을 먹어라.
이런 식으로 삶의 순간순간을 살아라.
그대의 몸과 마음 전체를 집중하게 되면 명상이 따로 없고 수행이 따로 없다.
『십이시법어』

유리하다고 교만하지 말고, 불리하다고 비굴하지 말라. 자기가 아는 대로 진실만을 말하며, 주고받는 말마다 악을 막아 듣는 이에게 편안과 기쁨을 주어라. 무엇을 들었다고 쉽게 행동하지 말고, 그것이 사실인지 깊이 생각하여 이치가 명확할 때 과감히 행동하라. 『잡보장경』

구하 스님 목발우 | 강화 청련암 주지 무정 스님 기증 | 높이 12.5cm 지름 23.8cm
1884년 열세 살의 나이에 천성산 내원사로 출가해 경월 스님을 은사로 출가한 구하 스님의 목발우이다. 구하 스님은
1950년에 초대 중앙총무원장에 취임한 분이다.

진실로 자기 자신을 생각하는 사람이라면 나쁜 짓을 멀리 하라. 나쁜 짓을 멀리 하고 선행을 쌓으면 그 마음은 항상 편안할 것이다. 진실로 자기 자신을 사랑하는 사람이라면 주위로부터 자신을 지킬 줄 알아야 한다.

『잡아함경』

공덕을 베풀려면 과보를 바라지 말라. 과보를 바라면 도모하는 뜻을 가지게 되나니. 그래서 부처님께서 말씀하시되 덕 베푸는 것을 헌신처럼 여기라 하셨느니라.

몸에 병 없기를 바라지 말라. 몸에 병이 없으면 탐욕이 생기기 쉽나니, 그

래서 부처님께서 말씀하시되 병고로써 양약을 삼으라 하셨느니라. 공부하
는 데 마음에 장애 없기를 바라지 말라. 마음에 장애가 없으면 배우는 것
이 넘치게 되나니, 그래서 부처님께서 말씀하시되 장애 속에서 해탈을 얻
으라 하셨느니라.

『보왕삼매론』

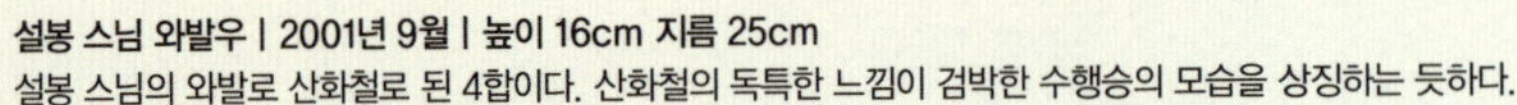

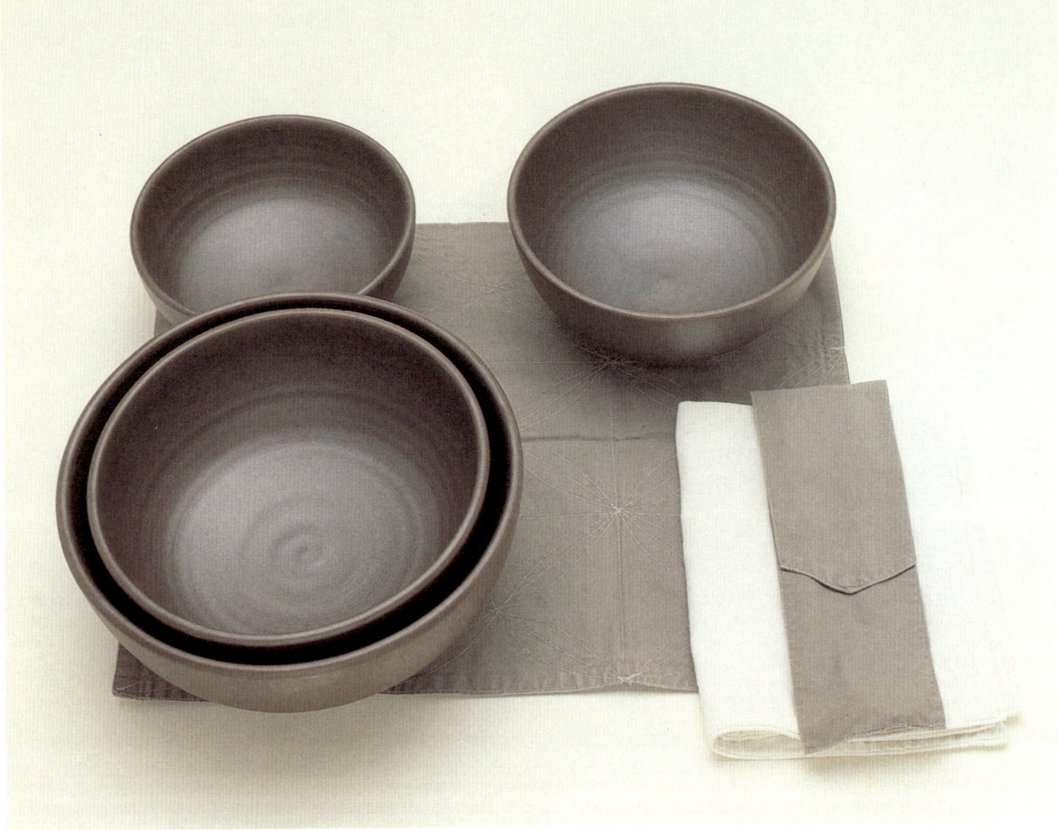

지나간 과거에 매달리지도 말고 아직 오지도 않은 미래를 기다리지도 말라. 오직 현재의 한 생각만을 굳게 지켜라. 그리하여 오늘 할 일을 내일로 미루지 말라. 진실하고 굳세게 살아가는 것, 그것이 하루하루를 살아가는 최선의 길이다.

『법구경』

만공 스님 목발우 | 19세기 | 높이 13cm 지름 23cm
경허 선사의 제자인 만공 스님은 일제 강점기 시절 한국 불교를 왜색화 하려는 총독 데라우치에게 일갈을 한 일화로 유명하다.

내 인생에서 가장 행복한 날은 언제인가. 바로 '오늘'이다. 내 생애에서 가장 귀중한 날은 언제인가. 바로 '오늘 지금 여기'이다. 어제는 지나간 오늘이요, 내일은 다가오는 오늘이다. 그러므로 '오늘' 하루하루를 이 삶의 전부로 느끼며 살아야 한다.　　　　　　　　　　『벽암록』

경봉 스님 와발우 | 1892~1982년 | 높이 14.5cm 지름 24.5cm | 수월사 학림스님 소장
통도사 극락호국선원(極樂護國禪院)의 조실(祖室)로 계셨던 경봉 스님은 1982년 7월 17일, 통도사 극락암에서 "야반삼
경(夜半三更)에 대문 빗장을 만져 보거라"라는 임종게를 남기고 입적하셨다.

남을 헐뜯지 않고 노여움과 인색함에서 떠난 사람, 마음에 맞거나 맞지 않거나 조금도 개의치 않는 사람, 좋다 싫다를 모두 버리고 어디에도 집착하지 않아 모든 속박으로부터 훨훨 날아가 버린 사람, 그는 이 세상에서 가장 올바른 삶을 살아가고 있는 것이다. 「숫타니파타」

함부로 다른 사람의 허물을 말하지 말라. 언젠가 반드시 내게로 되돌아와 나를 손상시킬 것이다. 만일 다른 사람을 비방하는 소리를 듣거든 마치 나의 부모를 헐뜯는 것처럼 여겨라. 오늘 아침에는 비록 다른 사람의 허물을 말했지만 내일은 반드시 나의 허물을 말할 것이니라.　「자경문」

부자간, 형제간, 부부간, 친족간에 항상 사랑하고, 증오하지 말라. 안색은 항상 화평하게 하고 서로 멀리 있어도 걱정하는 마음을 가져라. 아버지의 사랑은 무덤까지 이어지고 어머니의 사랑은 영원까지 이어진다. 그러나 진정한 수행자의 사랑은 그 영원까지 뛰어 넘는다.　　　「무량수경」

욕망의 누더기를 벗어버리고 훨훨 날듯이 살아가는 사람, 삶과 죽음으로부터 초월하여 편안한 곳으로 돌아가 맑고 푸르기가 호수 같은 사람, 그에게는 무한히 솟구치는 예지가 있어 이 세상의 어떤 것에도 물들지 않는다.

「숫타니파타」

일엽 스님 목발우 | 20세기 | 높이 13cm 지름 22cm
일엽 스님은 한국 최초 여류문인으로서 개화기 시대에 여성 해방에 앞장섰던 분이다. 수덕사 견성암에서 30여 년을
수행에 전념하다 1971년에 입적했다.

마음은 혼란하여 지키기도 힘들고 억제하기도 힘들다. 지혜 있는 사람은 이를 바로 잡는다. 마음은 잡기도 어려울 뿐더러 쉽게 흔들리며 탐하는 대로 달아난다. 마음을 바로 잡는 일이 행복의 근원이다. 마음은 보이지 않지만 지혜 있는 사람은 이 같은 마음을 잘 다스린다. 마음을 잘 다스리는 사람이 곧 안락을 얻는다.

「법구경」

이 세상에는 섬기고 공경할 만한 일곱 가지 부류의 사람이 있다. 사랑하는 마음을 가진 사람, 연민하는 마음을 가진 사람, 남을 기쁘게 하는 마음을 가진 사람, 남을 보호하고 감싸는 마음을 가진 사람, 집착하지 않고 마음을 비운 사람, 부질없는 생각을 하지 않는 사람, 바라는 것이 없는 사람이다.

「증일아함경」

새가 쉬고자 할 때 반드시 숲을 고르듯이 진리를 배우는 사람은 반드시 스승과 벗을 가려야 한다. 좋은 숲을 택한 새는 잠자리가 편안하고 스승과 벗을 잘 만나면 학문이 높아지느니라. 그러므로 선우(善友) 섬기기를 부모님 모시듯 하고, 악한 벗을 원수처럼 멀리 해야 하느니라. 「자경문」

철없는 아이가 물 위에 비친 달을 건지려고 한다. 어른은 그것을 보고 웃는다. 무지한 사람은 달을 건지려는 아이와 같다. 그는 이 모든 것을 영원한 실재라 생각하며 자기 자신은 언제나 늙지도 않고 변하지도 않을 것처럼 착각하고 있다.

『대지도론』

너희들은 또한 마땅히 걸식의 법을 배우라. 어떻게 비구의 걸식 법을 배우는가? 이에 있어서 비구들은 나아감을 가지고 생명을 유지하라. 얻는 것에 기뻐하지 말고, 얻지 못한 것에도 또한 변하지 말라.

가령 밥을 얻은 때는 생각하면서 먹고, 탐착하는 마음을 내지 마라. 다만

이 몸을 유지하기 위해 얻으려고 할 뿐, 옛 아픔을 제거하고 다시 새롭게

짓지 말며, 기력을 충족시켜라. 이와 같은 비구를 이름하여 걸사라 한다.

「증일아함경」

윤형진 作 철발우 | 높이 22cm 지름 48.5cm
발우 표면에 부처님의 팔상성도를 부조했다. 투박한 청동에 부조된 부처님의 팔상성도로 인해 장엄미가 돋보인다.

바람을 마주하여 먼지를 털면 그 먼지가 다시 자신에게로 돌아오 듯이 미움을 미움으로 대하면 그 미움은 반드시 자신에게로 되돌아온다. 미워하는 사람, 미움을 미움으로 대하는 사람은 그 누구든 재앙을 벗어나 진 못한다. 원망을 원망으로 갚지 말라. 그것이 원수에게 항복받을 수 있 는 유일한 길이다.

「잡아함경」

　　　녹이 쇠에서 나서 다시 그 쇠를 녹슬게 하듯이, 악도 역시 사람의 몸에서 나서 다시 그 몸을 망친다. 행실이 옳지 못한 것은 마음의 때요, 물건을 탐하는 것은 보시의 때요, 악한 행동은 이 세상과 다음 세상의 때이다. 그러나 이러한 세상의 때보다도 더 심한 때는 무지의 때이다. 이 무지의 때를 씻어버리지 않으면 영혼의 새벽은 오지 않는다. 　　『법구경』

황옥발우 | 높이 8cm 지름18cm | 2006년
황옥을 재료로 하여 재현하였다. 돌의 투박함과 옥의 고급스러움이 돋보인다.

더러운 진흙 속에서 아름다운 연꽃이 가득 피어 있으니 참으로 장관입니다. 아! 이 얼마나 거룩한 진리입니까. 이 진리를 두고 어디에서 따로 진리를 구하겠습니까. 이 밖에서 진리를 찾으면 물속에서 물을 찾는 것과 같습니다. 당신을 부처로 바로 볼 때 인생의 모든 문제는 근본적으로

해결됩니다. 선과 악으로 모든 것을 상대할 때 거기에서 지옥이 불타게 됩니다. 선악의 대립이 사라지고 선악이 융화 상통할 때에 시방세계에 가득히 피어 있는 연꽃을 바라보게 됩니다. **성철 스님**

일어나 앉아라. 그대들에게 잠은 무슨 이익이 있는가. 화살에 맞아 고통받는 이에게 잠이 웬 말인가. 일어나 앉아라. 평안을 얻기 위해 일념으로 배우라.

『숫타니파타』

부처님께서 말씀하시기를 '불자들이여, 계행은 큰 배를 운행하는 사공과 같아서 생사고해를 잘 건너며, 맑은 물과 같아 중생들의 죄악의 때를 씻어주어 깨끗한 마음을 항상 가져서 삿된 마음을 일으키지 않게 하는 것이니라' 하였다.

『승지율』

맷돌이나 숫돌이 닳는 것은 보이지 않지만 어느 땐가 다 닳아 없어진다. 나무를 심으면 자라는 것이 보이지 않지만 어느새 자라 큰 나무가 된다. 하루하루 꾸준히 수행에 정진하다 보면 어느샌가 그 수행은 깊어져 마침내 저 불멸의 곳에 이르게 된다. 「선림보훈」

생사의 세계에 머물러 있으면서도 거기 물들지 않고, 열반의 세계에 있으면서도 생사의 바다에 그대로 머물러 있는 것이 보살의 행이다. 모든 중생을 사랑하면서도 애정에 집착하지 않는 것이 보살의 행이다.

「유마경」

혼히 사람들은 자신의 육신을 '나'요, '내 것'이라고 여긴다. 그리하여 육신이 늙고 쇠잔해 가는 데서 근심과 번민과 고뇌를 일으킨다. 그러나 현명한 사람은 육신을 '나'라고 보지 않고 '내 것'이라고 보지도 않는다. 따라서 육신이 변모하고 쇠잔해도 근심과 번민과 고뇌를 일으키지 않는다. 이것을 일러 '마음에 병이 없다'고 말한다.　　　　　「증일아함경」

출가하여 수행자가 되는 일이 어찌 작은 일이랴. 편하고 한가함을 구해서도 아니요, 따뜻이 먹고 배불리 먹기 위해서도 아니다. 오로지 생사의 괴로움에서 벗어나려는 것이며, 번뇌의 속박을 끊으려는 것이다. 부처님의 지혜를 이으려는 것이며, 고통받고 있는 중생들을 건지기 위해서이다.

『선가귀감』

활을 만드는 사람은 활촉을 단속하고, 뱃사공은 선박을 단속한다. 지혜로운 사람은 행동을 신중하게 하여 비방과 칭찬에 동요하지 않는다. 마치 큰 바위가 바람에 흔들리지 않듯 지혜 있는 사람은 그 마음이 깨끗하고 텅 빔이 마치 깊은 못이 맑고 환한 것과 같다.

「법구경」

참선을 하는 데는 반드시 세 가지 중요한 것이 있어야 한다. 첫째는 큰 신심(信心)이요, 둘째는 큰 발심(發心)이요, 셋째는 큰 의심(疑心)이다. 만약 그중에 하나라도 빠지면 이는 다리 부러진 솥과 같아서 소용없게 된다.

「선가귀감」

중국 토발우 | 높이 7.5cm 지름 12cm | 중국 광주 조계남하선사 기증
조계남하선사의 방장인 지과 스님께서 2004년에 혜정 스님께 주신 것을 2005년에 몽운사 발우전시관에 기증해 주셨다.

자기를 의지처로 하여 세상을 다니고, 아무것도 가진 것 없이 모든 일로부터 해탈한 사람들, 그들에게 때때로 공양을 바쳐라. 복덕을 구하는 바라문은 그들을 공양하라.

「숫타니파타」

지나야 할 길을 이미 다 지나고, 슬픔도 여의고, 모든 속박에서 완전히 자유로워진 사람에게는 번뇌가 없다. 마부에 의해 길들여진 말처럼 자신의 감각을 잘 조절해서 교만함이나 번뇌로부터 자유로워진 사람은 천신들조차 두려워한다.

「법구경」

달리는 수레를 멈추게 하듯이 성난 마음을 가라앉힐 수 있다면 그는 진정으로 훌륭한 마부라고 할 수 있다. 다른 사람들은 단지 고삐를 잡을 뿐이다. 사랑으로써 분노를 이기고, 선으로써 악을 이겨라. 보시로써 인색함을 이기고, 진실로써 거짓을 이겨라.

「법구경」

어떤 명칭이나 형상에도 집착하지 않으며, 존재하지도 않는 것에 대해 슬퍼하지 않은 이가 있으면 그는 진정 비구이다. 부처님의 가르침에 따라 언제나 자비에 사는 비구는 모든 조건 지어진 것을 쉬고 안락함을 얻는다.

「법구경」

모든 법은 목숨으로 근본을 삼고 사람은 다 제 목숨을 보호한다. 그러므로 살생을 하지 않으면 그것은 바로 목숨을 주는 것이요, 목숨을 주는 것은 모든 즐거움을 주는 것이다. 그러므로 제일의 보시란 이른바 목숨을 주는 것이니, 이와 같이 생각하는 것은 천상에 나는 인연이 되는 것이다.

「정법념처경」

비법에 의지하여 스스로 생명을 유지하지 말고, 마땅히 몸의 행동을 깨끗이 하고, 입과 뜻의 행동을 깨끗하게 하여 무사 가운데 머물러 분소의를 입고 항상 걸식을 행해야 한다. 차례로 걸식하여 적은 것으로 만족할 줄 알고, 음식을 멀리 여의는 것에 즐겁게 머물러 부지런히 정진하는 것을 익혀라.

「중아함경」

모든 여러 가지 악한 행 짓지 말고, 모든 착한 선을 받들어 행하며, 스스로 그의 뜻을 깨끗이 하면, 이것이 모든 부처님의 가르침이니라.

「출요경」

진리를 아는 그곳에 최상의 행복이 있다. 아무것도 두려워하지 않고 마음의 평안을 누리는 사람들에게 공양하는 공덕은 누구도 헤아릴 수 없다.

「법구경」

뱀이 물을 마시면 독이 되고 소가 물을 마시면 우유가 되듯, 지혜로운 배움은 깨달음을 이루고 어리석은 배움은 생사를 이룬다.

「계초심학인문」

티베트 목발우 | 높이 6.2cm 지름 16cm
남인도의 티베트 세라메 사원 텐진 진빠 스님의 발우이다. 인천 법명사 주지인 선일 스님을 통해 2007년 5월에 기증
했다.

못된 사람은 캄캄한 밤에 쏜 화살처럼 아무리 가까이 있어도 보
이지 않는다. 그러나 어진 사람은 눈 덮인 히말라야 산처럼 아무리 멀리
있어도 언제나 아름답게 빛난다.　　　　　　　　　　　　　　　『법구경』

큰 소리에 놀라지 않는 사자와 같이, 그물에 걸리지 않는 바람
과 같이, 흙탕물에 더럽혀지지 않는 연꽃과 같이, 무소의 뿔처럼 혼자서
가라.

「숫타니파타」

스스로를 등불 삼고 스스로를 의지처로 하여 남을 의지처로 하지 말 것이며, 진리를 등불로 삼고 진리를 의지처로 하여 남을 의지처로 삼지 말라.

「방등경」

타이 프라마하 투안 시리담모 스님 철발우 | 높이 21cm 지름 25cm
프라마하 투안 시리담모 스님은 타이의 대중불교회 및 승가협회 회장이기도 하다.

말이 많고 생각이 많으면 도리어 상응하지 못하고, 말과 생각이 끊어지면 통하지 않는 곳이 없느니라. 꿈속 허공에 핀 환각의 꽃을 무어라 애써 붙들려 하는가. 얻고 잃고 옳고 그름을 한꺼번에 놓아버릴지어다.

「신심명」

타이 프리스리 파리야티몰리 스님 철발우 | 높이 24.5cm 지름 22.5cm
팔리경전연구소 소장을 맡고 있는 프리스리 파리야몰리 스님은 마하출라 불교대학의 교수이기도 하다.

깊고 청정한 신심은 견고하여 부서지는 일이 없다. 신심은 불도의 근본으로서 모든 공덕의 어머니이다. 신심은 때가 없고 흐리지 않으며 성내는 마음을 없애고 근신하는 근본이다. 신심은 최고의 보배창고이며 청정한 손이 되어 온갖 행을 받아들인다.

『화엄경』

항상 겸손하게 행동하고 일체 중생을 공경하며, 미혹과 집착을 여의어서 깨달음이 반야를 내어, 미망을 없애면 곧 스스로 깨쳐 불도(佛道)를 이루는 것이니, 서원의 힘이 행하여진 것이니라.　　　『육조단경』

미얀마 우 떼조바따 스님 철발우 | 높이 15.7cm 지름22.7cm
우 떼조바따 스님은 쉐우민 사원에서 수행했다. 담백한 맛이 깃들어 있는 철발우를 감싸고 있는 보자기가 일품이다.

모든 중생의 마음 성품이 본래 깨끗함을 아는 것을 사랑[慈]이라 하고, 온갖 것은 평등하기가 허공 같다고 보는 것을 슬픔[悲]이라 하며, 온갖 기쁨을 끊는 것을 기쁜 마음[喜]이라 하고, 온갖 행을 멀리 하는 것을 버린 마음[捨]이라 한다.

「대방등대집경」

　　　무엇이 중생을 나게 하였고 무엇이 앞서 달려가는가? 무엇이 생사를 일으켜 무엇을 벗어나지 못하게 하고 있는가? 애착과 욕심이 중생을 낳았고 마음이 앞서 달려가나니, 중생이 생사를 일으켰고 괴로움을 벗어나지 못하고 있다.

『잡아함경』

나에게 공양하여 은혜를 갚고자 하는 이는 반드시 꽃과 향, 풍악 등으로 할 필요가 없다. 계율을 청정히 지키고 경전을 읽고 외우며, 법의 깊고 미묘한 이치를 생각하면, 이것이야말로 나에게 공양하는 것이다.

『대반열반경』

미얀마 바단타 자나카 패엽발우 | 1950년대 | 높이 14.2cm 지름 25.4cm | 이승찬 기증
미얀마 양곤의 응아탓지 수도원 원장스님이었던 바단타 자나카 스님이 사용했던 발우로, 스님은 1992년 세수 85세 법랍 65세로 열반에 드셨다.

세상에는 가장 보기 어려운 두 가지 일이 있다. 그 두 가지 일이란 첫째는 은혜를 갚을 줄 아는 것이요, 둘째는 큰 은혜는 말할 것도 없고 조그만 은혜라도 잊지 않는 것이다.

「증일아함경」

청산은 나를 보고 말없이 살라 하고, 창공은 나를 보고 티 없이 살라 하네. 탐욕도 벗어놓고 성냄도 벗어놓고, 물같이 바람같이 살다가 가라하네. 탐욕도 벗어놓고 성냄도 벗어놓고, 물같이 바람같이 살다가 가라하네.

나옹 선사의 시

복은 검소함에서 생기고, 재앙은 물욕에서 생기며, 허물은 교만에서 생기고, 죄는 참지 못하는 데서 생긴다. 눈을 조심하여 남의 그릇됨을 보지 말고, 입을 조심하여 착한 말 바른말 부드럽고 고운 말을 언제나 할 것이며, 몸을 조심하여 나쁜 친구를 따르지 말고 어질고 착한 이를 가까이하라.

「마음 다스리는 글」

빈손으로 왔다가 빈손으로 가는 것, 이것이 인생이다. 태어남은 어디에서 오며 죽음은 어디로 가는가? 태어남은 한 조각 구름이 일어남이요, 죽음은 한 조각 구름이 사라지는 것이다. 뜬구름 자체는 본래가 실체가 없음이니 태어남도 죽음도 모두 이와 같다. 여기 한 물건이 항상 홀로 있어 담연히 생사를 따르지 않는다.

나옹 스님 누이

캄보디아 텝 봉 스님 철발우 | 높이 20.5cm 지름 25cm
텝 봉 스님은 캄보디아 마하니까이(남방불교의 한 종파)의 법왕이자 오나롬 파고다의 방장이다. 발우를 보호하고 운반
하기 쉽게 천으로 잘 감싸고 있으며 뚜껑이 따로 제작되어 있는 것이 특징이다.

어떤 사람이 구슬을 가지고 바다를 건너다가 그 구슬을 빠뜨렸
다. 그러자 그는 바가지로 물을 떠 언덕 위로 퍼내기 시작했다. 그때에 바
다의 신이 말했다. "너는 어느 세월에 이 물을 다 떠 버리겠느냐?"
그는 말했다. "이 목숨이 끝나고 또 태어나더라도 중단하지 않겠다."
바다의 신이 그 뜻이 큰 것을 알고 구슬을 내주어 돌려보냈다.　　　「삼매경」

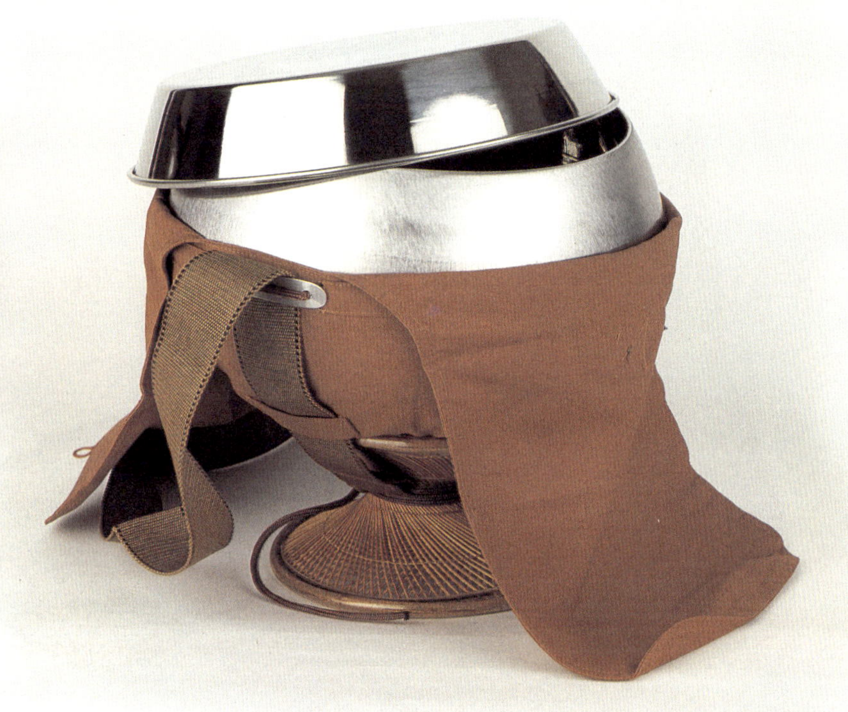

남의 잘못은 눈에 띄기 쉽지만 자기의 잘못은 눈에 띄지 않는다. 사람들은 남의 잘못은 잘 들추어내면서 자기의 잘못은 애써 숨기려 한다. 마치 교활한 도박사가 불리한 투전장을 숨겨버리듯이, 남의 잘못을 들추어내어 곤궁하게 만드는 것은 비겁한 짓이다. 그는 참으로 진리로부터 멀리 떨어져 있는 사람이다.

「법구경」

베푸는 것은 명예나 이익을 위해서도 아니고, 남을 속이기 위해서도 아니다. 남에게 베풀었다고 하여 교만한 마음을 가지거나 또는 은혜를 갚을 것이라고 기대해서도 안 된다. 베풀 때에는 자기 자신을 돌아보지 말 것이며 또한 베풀 상대를 가려서도 안 된다.

『열반경』

라오스 발우와 가사
2006년 9월, 라오스 대사관 통사왓(tongsavath praseuth) 대사가 기증했다.

살생하는 자와 가까이하면 살생을 배우고, 도둑질하는 자와 가까이하면 도둑질을 배우고, 사음하는 자와 가까이하면 사음을 배우고, 거짓말하는 자와 가까이하면 거짓말을 배우고, 술 마시는 자와 가까이하면 술을 배우게 된다. 그러므로 그 벗을 가려야 한다.　　　　『사리불아비담론』

만약 당신의 집에 불이 났다고 쳐보자. 그러면 당신은 무엇보다
도 먼저 그 불을 끄려고 해야 한다. 방화범의 혐의가 있는 자를 잡으러 가
서는 안 된다. 만약 집에 불을 지른 걸로 의심 가는 자를 잡으러 간다면 그
사이에 집이 다 타버릴 것이다. 그것은 어리석은 짓이다. 당연히 먼저 불

부터 끄고 봐야 한다. 화가 치밀었을 때도 마찬가지다. 당신을 화나게 한 상대방에게 앙갚음을 하려고 계속 그와 입씨름을 한다면, 그것은 마치 불이 붙은 집을 내버려두고 방화범을 잡으러 가는 것과 마찬가지 행동이다.

틱낫한 스님의 「화」

· 부록 ·

스물 18물

발우 제작 과정

승물 18물

승물(僧物)이란 대승비구가 지녀야 할 물품을 말하는 것으로, 보통 스님들이 걸망 속에 넣어 가지고 다니거나 수행을 위하여 정진할 때 갖추어야 하는, 최소한의 소유가 허락된 물건을 일컫는다.

이 승물 중에 기본적으로 삼의(三衣), 발우, 좌구, 녹수낭 등은 근본 불교 시대에 비구가 항상 지녀야 할 것들로 '비구육물(比丘六物)'이라고 규정되어 있었으며, 대승의 『범망경보살계』에 이르러 여기에 12가지 물건을 더하여 비구18종물로 불리게 되었다. 18물의 내용을 살펴보면, 이미 정주생활이 상당히 일반화되었다는 사실을 알 수 있다. 수량도 그렇지만 부피 역시 근본 불교 시대처럼 자유로이 소지하고 이동하기에는 상당한 어려움이 있을 것으로 보이기 때문이다.

승물에 대한 자세한 내용은 시대와 지역에 따라 그 세부 내용이 약간씩 다르며, 스님들마다 차이가 나기도 하지만 최소한의 물건만 지니는 무소유의 검박한 살림살이의 기본 정신에는 차이가 없다.

여기서는 『법망경』을 근거로 해서 18물에 대해 알아보기로 한다.

1. 삼의(三衣)

스님들의 옷을 가리키는 '가사'라는 단어는 범어 카사야(kasaya)에서 음을 딴 것으로, 원래는 부정색(不正色) · 탁색(濁色) · 괴색(壞色) 등의 색을 가리키는 말로, 비구의 옷이 탁색이었던 데에서 '가사'라는 명칭이 비롯되었다. 이러한 가사를 일컫는 다른 말로는 공덕의 · 복전의 · 무구의 · 탁의 등이 있다. 또한 조각 천을 이어서 만드는 가사의 형태는, 근본 불교 시기에 무덤가에 버려진 천을 주워서 이어 만든 데서 비롯되었다. 이때 천을 이어 붙이는 방법과 모양을 정할 때 밭의 모양을 따라 만들도록 해서 복전의(福田衣)라고도 하고, 또 버려진 천을 모아서 일체 인간의 좋고 나쁜 분별과 소유욕에서 벗어난, 또 벗어나려는 의지의 표출이기에 해탈의(解脫衣)라고도 하는 것이다.

삼의란, 승단에서 개인의 소유를 허락한 세 종류의 옷을 말하는 것으로 대의(大衣)와 두 종류의 상의 칠조의(七條衣)와 오조의(五條衣)를 말한다.

첫째, 승가리(僧伽梨)는 정장하는 옷으로 마을에 탁발을 나가거나 초대받았을 때 입는다. 아홉 개에서 스물다섯 개 조각의 천을 기워 합쳐서 한 장의 천으로 만든 것으로 대가사라고도 한다.

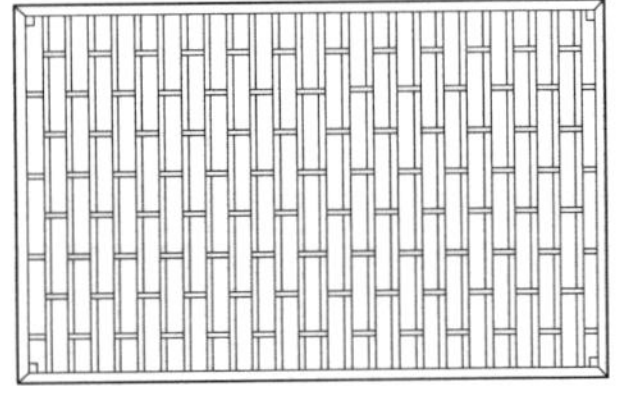

승가리9조대의(僧伽梨9條大衣)

둘째, 울다라승(鬱多羅僧)은 입중의(入
衆衣)로도 불리며, 예불·강의·포살 시
에 입고, 또한 일곱 조각의 천으로 만들어
졌기 때문에 7조의라고도 한다.

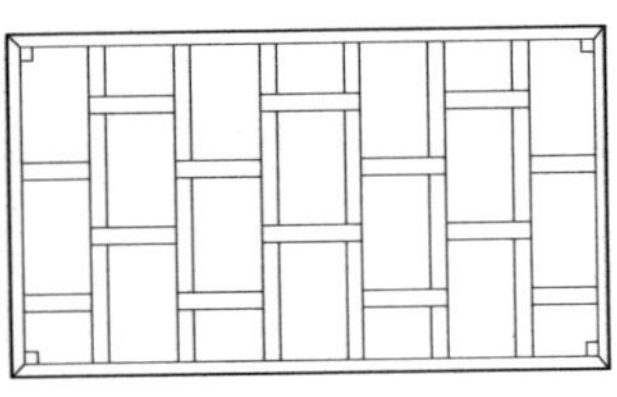

울다라승7조(鬱多羅僧7條)

셋째, 안타회(安陀會)는 중의(中衣)·중
착숙의(中着宿衣)라는 이름으로도 불리며
평상시에 작업이나 취침을 할 때 착용하
는 옷이다.

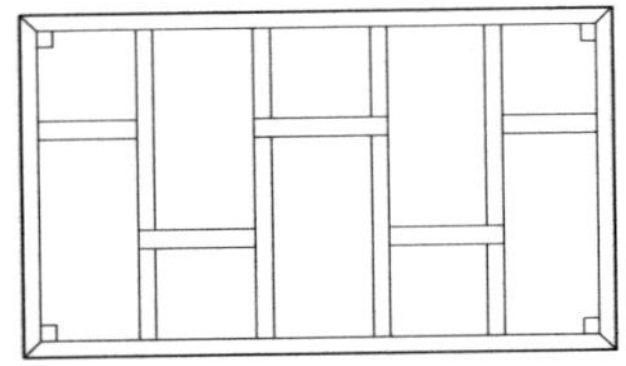

안타회5조(安陀會5條)

가사는 인도에서는 출가자들이 평상복으로 착용하였는데, 이에 반해 한
국과 중국, 일본에서는 기후와 문화의 영향으로 가사가 평상복으로의 의
미를 상실하고 출가자의 신분을 상징적으로 드러내는 의미가 강화되어 법
회 때 법의 위에 입는다. 한국에서는 삼국시대 중엽에 전래되어 겉옷으로
입기 시작했다.

다음은 스님들이 가사를 수할 때 하는 게송이다.

1

善哉(선재)

解脫服(해탈복)

無上福田衣(무상복전의)

我今頂戴受(아금정대수)

世世常得被(세세상득피)

좋구나!

해탈복이여

위없는 복전의로다

내가 지금 이 가사를 받아 정대하노니

세세생생토록 가사를 수하여지이다

2

善哉解脫(선재해탈)

無上福田衣(무상복전의)

我今頂戴受(아금정대수)

廣度諸群迷(광도제군미)

선재 해탈복이여

위없는 복전의 옷이 됨이라

내가 지금 정대하고 수하노니

널리 모든 중생을 제도하리라

2. 발우(鉢盂)

스님들이 사용하는 밥그릇이다.

五觀偈(오관게)

計功多少 量彼來處(계공다소 양피래처)

忖己德行 全缺應供(촌기덕행 전결응공)

防心離過 貪等爲宗(방심리과 탐등위종)

正思良藥 爲療形枯(정사량약 위료형고)

爲成道業 應受此食(위성도업 응수차식)

이 음식이 어디서 왔는고

내 덕행으로는 받기 부끄럽네

마음의 온갖 욕심 버리고

몸을 지탱하는 약으로 알아

도업을 이루고자 이 공양을 받습니다

3. 양지(楊枝)

오늘날의 칫솔을 말한다.

불전에서의 양지는 양치용 나뭇가지로 냄새를 없애주고 소화를 도와주는 도구를 이르는 것으로, 원래는 양지와 치목 두 가지였다. 인도에서는 이쑤시개를 치목이라 하였는데 불교를 통하여 중국에 들어와서 양지로 불리게 되었다. 이쑤시개의 원료가 주로 버드나무였기 때문이다. 『남해귀기내법전』에 의하면 치목은 쇠나 대나무나 나뭇가지를 가지고 칼처럼 깎아서 만드는데, 매일 아침마다 치목을 씹고 혀를 긁어 입속을 깨끗이 여법하게 한다고 했으며, 양지는 입에서 향기가 나게 하고 열을 제거하기 때문에 그것을 씹기도 했다고 전한다.

다음은 『사분율』 제53권에 나오는 이야기다.

그때에 비구들의 입에서 냄새가 나니, 부처님께서 말씀하셨다.

"양치질을 하라. 양치질을 하지 않으면 다섯 가지 허물이 있으니, 입에서 냄새가 나고, 맛을 분별하지 못하고, 열기가 더하고, 음식이 당기지 않고, 눈이 밝지 못하니라."

부처님은 계속해서 양치질을 하면 얻는 다섯 가지 이익에 관해서도 말씀하셨다.

"입에서 냄새가 나지 않고, 맛을 분별하고, 열기가 줄고, 음식이 당기고, 눈이 밝아지니라."

부처님은 이어 양칫대의 길이는 한 뼘, 두께는 네 손가락 정도가 적당하다고 하였다.

또한 세간에서도 오복(五福)의 하나로 치부되는 치아의 건강은 일상의 삶에 있어서 아주 중요한 역할을 한다.

참고로 유교의 『서경』에 나오는 오복을 살펴보면, 첫 번째는 천수를 다 누리다가 가는 장수의 복을, 두 번째는 살아가는 데 불편하지 않을 만큼의 풍요로운 재물의 복을, 세 번째는 몸과 마음이 건강하고 깨끗한 상태에서 편안하게 사는 복이며, 네 번째는 남에게 많은 것을 베풀고 돕는 선행과 덕을 쌓는 복을, 마지막 다섯 번째로는 일생을 건강하게 살다가 고통 없이 편안하게 생을 마칠 수 있는 죽음의 복을 말한다.

4. 병(瓶)

盛裝飲用水之容器(성장음용수지용기)

마실 물을 담아두는 그릇이다. 병은 물을 담기 위한 하나의 도구이다.

물이 아무리 소중해도 병이 없으면 물을 담을 수 없다. 승물 중에 하나인 녹수낭으로 거른 깨끗한 물을 담아두고 식수로 사용했다.

5. 조두(澡豆)

卽用以洗淨穢手之 大豆 · 小豆(즉용이세정예수지 대두 · 소두)

손 씻을 때 사용하는 비누를 말한다.

경이나 향로 등의 불구를 대할 때는 항시 심신의 청결함을 갖추도록 해야 한다. 비누는 향과 초와 같이 자신의 몸을 녹임으로써 더러움을 씻어내게 한다.

6. 좌구(座具)

법당이나 대중방에서 자리에 깔고 앉거나 절을 할 때 펴는 천을 '니사단(尼師壇)'이라고 하는데, 이것을 번역하면 좌복이다. 좌복은 규칙과 법도가 흐트러지지 않은 자리를 뜻하며 수행자가 가부좌를 틀고 앉은 자리는 진리를 탐구하고 진리를 구현하는 깨달음의 자리이므로 법석(法席)이라는 뜻으로 의미를 부여해서 사용한다.

『금강경』에 '부처님께서 공양 때가 되어서 발우를 들고 슈라바스티성에 들어가서 일곱 집을 차례로 돌아 탁발을 하고 기원정사로 돌아와서 밥을 드시고 가사와 발우를 거두고 발을 씻고는 자리를 펴고 앉으셨다'라는 부분이 나오는데 바로 이때 편 자리가 니사단이다.

좌구라는 말 외에도 펼쳐서 사용한다는 뜻으로 부구(敷具), 앉을 때 쓰는 천이므로 수좌의(隨坐衣), 발을 올려두므로 수족의(隨足衣), 앉기도 하고 누울 때도 쓰므로 좌와구(坐臥具), 누워 있을 때 쓴다는 뜻으로 와구(臥具)라고도 부른다.

그리고 『사분율』에서는 '몸을 보호하고 옷을 보호하고 승려를 보호하는 것이 와구다'라고 했으니, 부처님 당시 출가자들은 나무 밑이나 동굴 같은 곳에서 지냈기 때문에 바닥에 까는 자리는 항시 소지하고 다닐 정도로 매우 중요한 도구였던 것이다.

7. 석장(錫杖)

頭部附闍之杖 (두부부당지장)

스님들이 짚는 지팡이를 말하며 다른 말로는 육환장(六環杖)이라고도 한다. 범어로는 극기라(隙葉羅, Khakkhara)라고 하는데 '경고'의 의미를 지닌다. 고리는 구리나 쇠로 만드는데 그 용도가 다양하다. 지팡이의 머리는 탑이나 불상 모양으로 만들어 큰 고

리를 끼웠고, 큰 고리에 작은 고
리 여섯 개를 달아, 길을 갈 때
땅을 짚으면 고리가 부딪히는 소
리를 내어 짐승이나 벌레 등을
일깨워 미리 피하도록 하였다.
또 마을에서 걸식을 할 때에 탁
발 나온 것을 시주에게 알리기
위하여 흔들어 소리내기도 하며
피로하고 병들었을 때 지팡이에
의지하기도 한다.

8. 향로(香爐)

향을 피우는 그릇으로 불구(佛具)의 하나이다.

인도에서는 사람의 체취나 방안의 악취를 없애기 위해서 일찍부터 향을
사용했다. 이와 같이 육신의 나쁜 냄새를 제거해 주는 향은 마음의 때를
말끔히 씻어준다는 의미로 확대되어 부처님을 비롯한 여러 불보살님을 맞
이하는 법당의 불전에 향로를 안치하게 되었다.

우리나라의 경우 『삼국사기』권4 「법흥왕 15년조」와 『삼국유사』권3 「아
도기라조(阿道基羅條)」에 신라 눌지왕 때 불교 전래와 함께 양나라로부터
향을 가져왔다고 하는 기록이 있으며, 1993년 12월 충남 부여군 부여읍 능

산리에서 발굴된 향로, 익산 왕궁리 5층석탑에서 발견된 향목, 불국사 석가탑에서 발견된 유향·향목편·심향편 등으로 보아 일찍부터 향공양의 그릇으로서 향로가 만들어져 사용되었음을 알 수 있다.

향은 스스로의 몸을 태워 그 주위를 맑게 하고 정화시키는 아름다움을 지니고 있다. 그래서 불공을 올리는 불자들은 초와 향을 사르며 그 자신도 향과 초 같은 살신성인의 삶을 서원하고자 하는 것이다.

다음의 게송은 중국 당(唐)나라 화엄종의 무착 스님이 오대산에서 문수보살에게 들었다고 전해지는 게송이다.

성 안내는 그 얼굴이 공양 중에 으뜸이요

부드러운 말 한마디 미묘한 향이로다

아름다운 그 마음이 부처님 마음일세

자비로운 그 손길이 일심 중에 으뜸이요

너그러운 말 한마디 그윽한 향이로다

곱고 고운 그 마음이 부처님 마음일세

9. 녹수낭(漉水囊)

爲濾過水中蟲所用之布囊(위로과수중충소용지포낭)

요즘의 정수기와 같은 것으로, 먹는 물에서 벌레를 거르는 헝겊(여과망) 주머니를 말한다.

율전 가운데 『살바다비니비바사(薩婆多毘尼毘婆沙)』에 보면, 어느 날 사리불이 청정한 천안(天眼)으로 허공에서 벌레들을 보았는데, 그 수가 물가의 모래알과 같고 그릇에 가득한 좁쌀알과 같이 무변하고 무량하였다. 이를 보고 사리불은

미물들의 살생을 염려하여 공양하기를 중단했다. 며칠이 지났을 때 부처님께서는 다음과 같이 말씀하시면서 공양을 하라고 이르셨다.

"무릇, 육안으로 보이거나 녹수낭에 걸리는 크기의 벌레가 든 물을 금지하는 것일 뿐이지 천안으로 보이는 것까지 금지하는 것은 아니다."

사리불은 다시금 육안으로 사물을 대하게 되자 천안으로 보았던 모든 벌레의 모습은 사라지고 편안하게 물을 먹고 마실 수 있었다고 한다.

10. 수건(手巾)

얼굴이나 몸을 닦기 위하여 만든 천 조각이다.

11. 도자(刀子, 삭도기)

卽剃髮·剪指甲·裁衣等所用之小刀(즉체발·전지갑·재의등소용지소도)

머리를 깎거나 손톱을 깎을 때, 옷을 마름질 할 때 쓰는 작은 칼을 말한다. 불교에서는 머리카락을 '무명초(無明草)'라고 하여 '세속적 욕망의 상

징'으로 본다. 그래서 삭발은 세속에서 벗어난 수행자의 구도적 의미와 청정수행의 결의를 표현하기 위한 상징이기도 하다. 승려가 되기 위해 출가한다는 말을 '머리를 깎는다'고 표현하는 것도 삭발 의식이 불교 수행자의 증표이기 때문이다.

석가모니 부처님의 일생을 여덟 단계로 나누어서 설명한 경전인 『팔상록』 중에서 출가를 하는 장면인 '유성출가상'의 내용에서 싯다르타는 다음과 같은 서원을 세우며 출가를 결행한다.

나는 하늘에 태어나기를 원치 않는다
많은 중생이 삶과 죽음의 고통 속에 있지 아니한가

나는 이를 구제하기 위하여 집을 나가는 것이니

위없는 깨달음을 얻기 전에는 결코 돌아오지 않으리라

_『오분율』

그리고 나서 모든 사람이 잠든 한밤중에 마부 찬다카를 깨워 애마 칸타
카를 타고 카필라의 성벽을 뛰어넘어 동쪽을 향하여 어둠을 뚫고 달렸다.

왕궁이 멀어지자 태자는 말과 마부를 돌려보내고 값비싼 옷을 벗어 사
냥꾼의 낡은 옷과 바꾸어 입고 스스로 머리와 수염을 깎은 뒤 당시의 유명
한 수행자들을 찾아 외롭고 힘든 수행의 길에 들어섰다.

12. 화수(火燧)

打火之道具(타화지도구)

요즘의 성냥, 라이터처럼 불을 일으키는 도구로 예전에는 부싯돌을 사용했다. 불은 수행자의 생활에서만이 아니더라도 현대인들의 삶 전반에 있어서 없어서는 안 될 소중한 도구가 되었다.

13. 섭자(鑷子)

用以拔除鼻毛之物(용이발제비모지물)

코털을 단정하게 하는 도구이다. 마음을 맑게 하는 일은 단정한 몸가짐을 지니는 것과도 무관하지 않음을 알 수 있다.

14. 승상(繩床)

繩製之床(승제지상)

줄을 엮어서 만든 간편하게 앉을 수 있는 의자나 침상을 말한다.

『사분율』에 따르면 부처님은 나무와 나무 사이에 침상을 엮어 잠을 자도 좋다고 한 걸로 보아, 승상은 숲속의 고요한 곳에서 정진할 때 의자로 쓰기도 하고 또 취침 시에는 잠자리 역할을 하기도 했던 것으로 보인다.

『매월당집』에 '나옹화상은 지공화상에게서 공부한 뒤 다시 허리에 승상을 매고 절강성으로 가서 평산처림에게서 법의를 받았다'는 장면이 나오기도 한다.

15. 경(經, 소의경)

보통 경전이라 하면 부처님의 가르침을 집대성해 놓은 『팔만대장경』을 뜻하나 여기에서는 출가자 본인이 수지 독송하는 소의 경전을 말한다.

여기서는 경전이 성립된 과정을 간단하게 살펴보겠다.

부처님의 열반 후 마하가섭은 다른 제자들과 상의해 부처님의 법과 수행자가 지켜야 할 법칙인 계율을 정리하고 확인하는 작업을 진행했다. 부처님의 가장 뛰어난 제자들 오백 명과 함께 마가다국의 왕사성의 칠엽굴에서 첫 결집 회의를 가졌는데, 이 뛰어난 제자들은 '깨달은 자'라는 의미에서 '아라한(Arahan)'이라 칭해졌고 아라한이 아닌 사람은 결집에 참가하지 못했다.

이 1차 결집에 관한 기록에는 부처님을 곁에서 모시면서 부처님의 말씀을 가장 많이 들어 다문제일(多聞第一)이라 불렸던 아난(Ananda, 아난다)에 대한 이야기가 등장한다. 아난은 결집이 개최되기 전날까지도 깨달음을 얻지 못해 결집에 참여하지 못했다가 결집이 개최되기 바로 전날 깨달음을 얻어 결집에 참여하게 되었다고 한다. 이러한 기록은 1차 결집 때부터 참가자에 대한 엄격한 기준이 있었으며, 부처님의 법을 엮는 일을 매우 신중하게 하였음을 알 수 있다.

이렇게 1차 결집은 부처님 곁에서 부처님의 말씀을 가장 많이 들었던 다

문제일 아난 존자가 경전을 암송했으며, 수행자가 지켜야 할 법칙인 계율은 지계제일이라 불렸던 우팔리가 암송했다. 그리고 이 두 아라한이 암송한 것을 나머지 대중들이 부처님의 바른 법임을 확인하고 다시 암송하는 작업을 하였고, 이렇게 진행된 1차 결집으로 각지에서 말씀하신 부처님의 법을 한곳으로 모을 수 있었다. 경전은 이 1차 결집 때까지만 해도 문자로 기록되지 않았고 각자가 외우고 있던 것을 이야기하고 그것들을 종합하여 다시 암송했다.

이렇게 하여 부처님의 가르침을 엮은 경전은 모두 네 차례의 결집을 통해 형성되었다. 부처님이 열반하신 직후 열린 첫 번째 모임에서는 부처님의 말씀을 엮은 경장(經藏)과 율장(律藏)이 만들어졌고, 두 번째 모임에서는 율장의 해석에 관해 보수적인 견해와 진보적인 견해가 나왔고, 마가다국 아소카(Asoka) 왕의 주도로 열린 세 번째 모임에서는 경장과 율장을 논리적으로 해석한 논장(論藏)이 만들어졌으며, 쿠샨왕국의 카니시카(Kaniṣka) 왕의 주도로 열린 네 번째 모임에서는 세 번째 모임에서 이루어진 삼장을 해석하는 주석서와 함께 대승경전(大乘經典)이 만들어졌다.

결집이라 불리는 이 네 번의 모임은 크게 두 가지로 구분된다. 부처님이 열반하시고 난 뒤 바로 있었던 첫 번째와 율장에 대한 해석에 관한 문제를 논의하던 두 번째 결집은 출가 수행자를 중심으로 모임이 이루어졌다.

그러나 아소카 왕의 후원으로 이루어진 세 번째 결집과 카니시카 왕의 후원으로 이루어진 네 번째 결집은 부처님의 법을 논리적으로 해석하고 인도 이외의 지방으로 불법을 전파시키기 위해 이루어진 모임이었다.

첫 번째 경전의 전파는 아소카 왕에 의한 것으로 기원전 3세기 아소카 왕의 법(法)에 의한 정복이라는 이념에 따라 주변국으로 경전을 전파했다. 부처님이 열반하신 후 200년 뒤 아소카 왕의 후원으로 만들어진 경전들은 부처님 말씀을 그대로 엮은 것이며, 이것은 인도의 가장 남쪽에 있는 스리랑카를 통해 지금의 동남아시아 지역으로 퍼져나갔다.

그리고 두 번째 경전의 전파는 쿠샨왕조의 카니시카 왕에 의한 것으로, 부처님이 열반하신 후 300년 뒤 열린 네 번째 모임이 있었던 시기에 이루어진 대승경전은 카슈미르(Kashmir)에서 전파되기 시작하여 인도의 북쪽으로 퍼져나갔고, 이 대승경전이 중국 지역으로 전파된 시기는 기원후 1세기 한(漢)나라 시대로 보고 있으며, 이후 4세기에 중국에서 한국으로 전달되었다.

16. 율(律)

출가자가 수행을 하며 지켜야 할 계율을 기록해 놓은 지침서이다. 율의 성립은 위의 경의 내용과 같다.

17. 불상(佛像)

『불설대승조상공덕경』이란 경전에 의하면 석가모니 부처님께서 한때 천상으로 올라가 이미 이 세상을 하직하신 어머니를 위해 설법하신 적이 있었는데, 그때 코삼비국(Kausambi, 賞彌國)의 우전왕(Udayana)이 부처님을 그리는 마음을 견디다 못해 전단향나무로 부처님 형상을 만들어 예배한 것이 불상의 시원이라고 전한다.

그러나 이것은 후대에 경전의 형식을 빌려서 지어진 이야기로, 역사적으로 볼 때 불상이 처음 제작된 것은 2세기 초엽 인도의 서북부 간다라 지방인 것으로 추정하고 있다.

부처님의 입멸 후 약 오백 년간은 당연히 불상이 있어야 할 곳에도 불상이 없는데 이러한 조각의 형태는 바루후트탑의 조각과 산치탑, 남인도의 아마라티비 조각에 이르기까지 불상이 없는 형태로 나타난다.

이처럼 부처님의 모습을 표현하지 않은 이유는 석가모니 부처님 스스로가 자신을 신격화시키는 것을 반대하여 형상을 세우지 말도록 했기 때문이다. 또한 세존은 범인과는 다른 인간 이상의 존재인데, 그러한 존재를 인간의 모습으로 나타내는 것이 부처님에 대한 모독이라고 여겼기 때문이라고도 생각된다. 따라서 그 당시에는 오늘날의 불상의 형태 대신 부처님의 진신 사리를 모신 사리탑을 중심으로 예배와 공양을 행해 왔으며, 부처님 형상을 구체적으로 묘사하는 것을 피하여 보리수나 금강좌, 법륜, 부처님 발자국 등으로 부처님을 상징해 왔던 것이다.

이후 신상(神像)을 자유롭게 조각으로 표현하는 그리스 문화의 영향을 받아 불상을 제작하게 되었고, 불상에 대한 숭배는 이때부터 시작된 풍습으로 보인다. 이는 제자들이 부처님의 훌륭한 인격과 거룩한 가르침을 흠모하는 심정의 발로였다고 할 수 있을 것이다.

또한 우리가 불상을 향해 경배하는 것은 돌이나, 쇠, 또는 흙이나 나무로 된 물체인 불상 자체에 대한 숭배가 아니라, 불상이 상징하고자 하는 본래의 성품 곧 자기 자신 속에 있는 부처님의 성품을 의미하는 것이며, 즉 부처의 성품을 가지고 있는 모든 중생들을 공경하는 것이라 할 수 있겠다.

18. 보살상(菩薩像)

보살의 의미는 범어 보디사트바(Bodhisattva)의 음역인 보리살타(菩提薩陀)의 줄임말로 깨달은 중생, 깨닫게 하는 중생 혹은 깨우칠 중생이란 뜻이 포함되어 있다. 즉 중생은 중생이 되어 이미 불법의 진리를 알아, 중생

으로 하여금 깨달음에 나아가도록 이끌어주는 이를 보살이라 부른다. 그러므로 보살은 위로는 깨달음을 구하고〔上求菩提〕아래로는 중생을 교화하는〔下化衆生〕, 대승불교의 이상적 인간상을 뜻한다.

　　보살상은 주불인 본존불을 보좌하는 협시불의 역할을 하고 있으며, 석가모니 부처님을 본존불로 할 경우에는 문수보살과 보현보살이 좌우를 자리하고, 아미타부처님이 본존불이 되어 있을 경우에는 관세음보살과 대세지보살이 좌우를 자리하게 된다.

발우 제작 과정

일반적인 목발우의 제작 순서는 다음과 같다.

원목 채취 ➡ 선별 ➡ 자연 건조(2~5년) ➡ 절단 ➡ 초벌 깎기 ➡ 자연 건조(45일) ➡

재벌 깎기 ➡ 자연 건조(45일) ➡ 눈매음 작업 ➡ 초칠 ➡ 음건 ➡ 사포질 ➡ 중칠 ➡

음건 ➡ 사포질 ➡ 상칠 ➡ 음건 ➡ 사포질 ➡ 마무리 칠 ➡ 완성

각 제조 과정별 공정 기간은 다음과 같이 소요된다.

■ 원목 채취에서 자연 건조 : 2~5년

■ 절단에서 초벌 깎기 전 : 45일 건조

■ 초벌 깎기 후 재벌 깎기 전 : 45일 건조

■ 초칠부터 상칠 마무리까지 : 28일(9번 칠/1일)

■ 검사 및 포장 : 1일

■ 총 공정 : 95~110일 소요(자연 건조 기간 제외)

1. 원목 선별

발우의 재료인 원목은 은행나무, 물푸레나무 등을 주로 사용하며, 2~5년 동안 자연 건조시킨 후 가공한다.

2. 원목 절단 및 자연 건조

잘 건조된 나무를 목기의 형태 크기로 1차로 자르는 작업을 말하며, 이러한 원자재를 초벌 깎기에 알맞은 크기로 절단하여 준비한 후 45일 정도를 그늘에서 자연 건조시킨다.

3. 초벌 깎기 후 다시 자연 건조

　알맞은 나무토막을 발우 형태로 깎는 작업을 초벌 깎기(초갈이)라 한다. 이때 건조를 잘 시키지 않으면 나무의 수축작용으로 인해 목기의 모양이 뒤틀릴 수 있다.

4. 재벌 깎기

　재벌 깎기(재갈이) 작업으로 완전한 그릇 형태를 갖춘 모양이 완성되며 깎는 작업으로는 마지막 단계이다. 초벌 깎기 후 충분히 건조된 것을 선별하여, 고르지 않은 면을 형태에 맞추어 정교하게 다듬는 과정이다.

5. 생 옻칠하기 및 음건

재벌 깎기까지의 과정에서 완성된 목기의 형태를 오랫동안 유지시키기 위해서 초벌칠과 6~7회의 재벌칠로 나뉘며 살충력과 마모 방지에 강한 자연산 옻칠을 한다.

옻칠은 '초칠' 또는 '곡수'라고 하는 처음 칠과 그 다음 칠 작업인 '중칠', 그리고 마지막 칠인 '상칠'을 거쳐 마무리한다.

6. 사포질 후 생옻칠

물 사포질 과정으로 한 번 칠하고 하루 동안 말린 후 가는 사포질로 닦아내는 방식으로 보통 종류에 따라 10, 11회 정도 반복한다. 칠 작업은 한번 칠하고 하루 동안 온도 및 습도에 따라 적정한 온도로 음건하며, 반복적으로 10회에서 대략 11회에 반복 공정으로 이루어진다.

이 책을 만드는 데 도움을 주신 분들께 진심으로 감사드립니다.

전 포교원장 도영 스님 | 통도사 율주 혜남 스님 | 축서암 암주 수안 스님

통도사 주지 정우 스님 | 해인사 원창 스님 | 목탁 석혜은 스님

양진암 법상 스님 | 무애원 설봉 스님 | 관음사 혜정 스님

석굴암 도일 스님 | 해인정사 광후 스님 | 은해사 남현 스님

불교회관 일지 스님 | 대각사 수영 스님 | 고려공예 김인규 거사님

남원목기 김을생 거사님 | 이보현경 보살님 | 윤보련화 보살님

조도성인 보살님 | 닥종이 공예 류귀화 청정심 보살님

한마음 우리옷 연화심 보살님 | 윤대덕행 보살님 | 안현도행 보살님

연화육법공양 수경화 보살님 | 단석도예 신용주 님 | 예강 이명순 님 | 서혜인 님

깨달음의 벗 천하일발

초판 1쇄 인쇄 2007년 12월 20일
초판 1쇄 발행 2007년 12월 26일

지 은 이   지명 스님

펴 낸 이   김환기
펴 낸 곳   도서출판 이른아침
주   소   서울시 마포구 서교동 381-38 3층
전   화   02-3143-7995
팩   스   02-3143-7996
등   록   2003년 9월 30일 제 313-2003-00324호
홈 페 이 지   www.booksorie.com
이 메 일   webmaster@booksorie.com

ISBN 978-89-90956-94-1   03220